Felizitas von Schönborn

# Astrid Lindgren – Das Paradies der Kinder

Felizitas von Schönborn

# Astrid Lindgren – Das Paradies der Kinder

Herder
Freiburg · Basel · Wien

*Die meisten Menschen legen ihre Kindheit ab wie einen alten Hut. Sie vergessen sie wie eine Telefonnummer, die nicht mehr gilt. Nur wer erwachsen wird und trotzdem ein Kind bleibt, ist Mensch.*

(Erich Kästner)

Gedruckt auf umweltfreundlichem,
chlorfrei gebleichtem Papier


Herstellung: Freiburger Graphische Betriebe 1995
ISBN 3-451-23644-3

# Inhalt

# I.
# Die Welt der Astrid Lindgren

## Sesam öffne dich

Gegenüber von Vasaparken, mitten in Stockholm, lebt sie, die wundersame Erzählerin, die zu der bekanntesten Kinderbuchautorin der Welt geworden ist. Astrid Lindgrens lebhafter Phantasie entstammen die freche Pippi, der gewitzte Michel, der zarte Mio, der unausstehliche Karlsson, Ronja Räubertocher, die Gebrüder Löwenherz, Rasmus mit dem glatten Haar und viele andere Gestalten. Millionen von kleinen und großen Lesern fühlen sich in dieser Geschichtenwelt zu Hause. Für alle Schweden – nicht nur für die Kinder – ist sie zur „National- Dichterin" geworden.

Nur wer die geheimen Zahlen kennt, die man auf dem elektrischen Tröffen an der Dalagatan 46 drücken muß, dem wird Einlaß in ihr Reich gewährt. Ich kann die Zahlen auswendig aufsagen, doch ich werde mein Geheimnis niemand verraten. Man weiß ja, wie es Ali Baba erging, als noch andere vom Sprüchlein „Sesam öffne dich!" erfahren haben.

Mit ihren Büchern will Astrid Lindgren Erwachsene und Kinder einander näher bringen, wie sie selbst immer wieder erklärt. In ihrem Werk geht es um eine menschlichere Welt, ohne Gewalt – besonders gegenüber Kindern. Ihre ausgeprägte Menschenkenntnis stammt aus dem großen Interesse für die Kleinen. In eine bestimmte Richtung einordnen läßt sie sich nicht. Sie schreibt unbeirrt, wie sie es für richtig hält. Instinktiv erfaßt sie, was Kindern Freude macht, was spannend, lustig oder traurig ist. Phantasieerzählungen und alltägliche Geschichten fließen ineinander. Zum einen ist Astrid Lindgren eine Märchenerzählerin in der alten nordischen Tradition, zum anderen aber auch eine scharfe Beobachterin der modernen schwedischen Gesellschaft. Da gibt es Burlesken wie „Michel aus Lönneberga" und „Madicken", naturalistische Erzählungen aus ihrem eigenen Bauernmilieu im Pferdezeitalter in die „Die Kinder von Bullerbü", Detektivgeschichten wie „Meisterdetektiv Blomquist". Oder es finden sich Abenteuergeschichten und poetische Naturschilderungen, etwa in „Ronja Räubertochter", und symbolische Geschichten vom Kampf gegen das Böse wie in die „Brüder Löwenherz" und „Mio".

Astrid Lindgren spricht die universale Welt der Kindheit an und findet damit Anklang bei Lesern unterschiedlicher Kulturen. In ihren Werken steht sie immer auf der Seite der Kinder. Kaum jemand anderem gelingt es in ähnlicher Weise, eine Brücke zwischen der Kindheit und dem Leben der Erwachsenen zu bauen. Auf sie trifft zu, was Michael Ende geschrieben hat: „Es gibt Menschen, die können nie nach Phantasien kommen, und es gibt Menschen, die können es, aber sie bleiben für immer dort. Und dann gibt es noch einige, die gehen nach Phantasien und kehren wieder zurück. Und die machen beide gesund."

Erwachsene fühlen sich beim Lesen der Lindgrenschen Bücher wieder in das ferne Land ihrer Kinderträume zurückversetzt. Wie durch Zauberhand werden die Erlebnisse und Empfindungen, ja sogar die Gerüche von damals noch einmal gegenwärtig. Astrid Lindgrens „Blick zurück" hilft, den Zugang zum verborgenen „inneren Kind" wiederzufinden und die Kinder mit ihren Erwartungen und Ängsten besser zu verstehen. Werden wie die Kinder – im biblischen Sinn – heißt vor allem wahrhaftig sein. Das vermag ihre Sprache ohne falsche Rührseligkeit. Die schwedische Schriftstellerin lebt noch heute ganz aus der Kraft der Kindheit heraus. Ihre

Bücher hat sie alle für sich selbst geschrieben, aus spielerischer Freude, um die herrliche Zeit auf dem ehemaligen Pfarrhof in Näs nochmals zu erleben. Sie wuchs in einer überschaubaren Welt zwischen Geborgenheit und Freiheit auf. Ihre Erzählung über die „Kindheit in Bullerbü" – dem Phantasienamen für ihren Heimatort Näs bei Vimmerby – ist über alle kulturellen und nationalen Grenzen hinweg zum Inbild der Kindheit geworden.

## Ein Fax kommt aus Stockholm

Es ist noch zu früh für unsere Begegnung, mir wird erst in einer Stunde Einlaß in die Wohnung an der Dalagatan 46 gewährt. Ich setze mich auf eine der vielen Bänke in Vasaparken, und schon spüre ich, wie in diesem Park die Grenzen von Vergangenheit und Gegenwart, von Alltag und Phantasie durchlässig werden. Auf einem Spaziergang im fernen Genf war in mir der Wunsch gereift, ein Buch über Astrid Lindgren zu schreiben. Von ihrem schwedischen Verlag Rabén & Sjögren war ich an Marianne Eriksson, ihre Vertraute, verwiesen worden. Sie sei früher lange Zeit mit Astrid Lindgren zusammen in der Kinderbuchabteilung bei Rabén tätig gewesen, heute habe sie einen eigenen Verlag.

Also rief ich Marianne Eriksson an, um ihr mein Anliegen vorzutragen. Weil Astrid Lindgrens Augen sehr schwach sind, bat ich sie, der alten Dame meinen Brief mit der Bitte um ein Gespräch vorzulesen. Nach einigen Wochen bangen Wartens kam ein Fax aus Stockholm mit Mariannes Handschrift: „Astrid Lindgren möchte gerne am Anfang des Sommers mit Ihnen sprechen, ‹unter der Voraussetzung, daß sie zu diesem Zeitpunkt noch lebt› ... Aber es geht ihr gut, und ich schlage vor, daß Sie mich anrufen, damit wir einen Termin vereinbaren können. Fröhliche Ostern! Marianne."

Wenn freudige Nachrichten dieser Art bei mir eintreffen, pflege ich wie ein Kind vor Glück im Zimmer herumzutanzen. Die kommenden Wochen verbrachte ich hauptsächlich mit dem Wiederlesen von Astrid Lindgrens Büchern. Bei Regentagen verkroch ich mich dazu, wie einst in den Kindertagen, in mein Bett. Ich dachte an die Zeit zurück, als ich auf dem Pausenhof meiner steirischen Dorfschule wegen der Tintenflecken auf meinen braunen Wollstrümpfen als „Pippi Tintenstrumpf" verspottet worden war. Ich war eine Tagträumerin und lebte intensiv in der Welt meiner Phantasie. Ich hätte mir ohne weiteres bereits damals eine Begegnung mit der verehrten Schriftstellerin im hohen Norden ausmalen können.

Nun ist es Juni geworden, und Marianne hat mich in der Gastwohnung des Schwedischen Schriftstellerverbandes in der Drottinggatan 88 untergebracht. Von dort aus kann man zu Fuß zu Astrid Lindgren gehen. Ich habe mich gleich nach dem Aufwachen auf den Weg gemacht, um einen Eindruck von der Stadt zu gewinnen. Es ist mein erster Besuch in Stockholm. Ich streife durch die nahen Straßen, mache Halt bei den vielen verwinkelten und verstaubten Buchantiquariaten. Für eine ziemlich hohe Summe erstehe ich eine deutsche Erstausgabe des Geschichtenbuches von Astrid Lindgrens „Im Wald sind keine Räuber" von 1952. Solche Bücher sind heute gesuchte Sammelobjekte, versichert mir der Buchhändler. Die Zeit scheint schleppend zu vergehen. Oder ist es nur die ungeduldige Erwartung, endlich mit Astrid Lindgren zusammenzutreffen? Ich nehme in einem Straßencafé Platz. Mir fällt die Musikalität der Sprache auf, wie wahrscheinlich vielen Fremden. Die tönenden Endungen und der reiche Wechsel der Vokale lassen die schwedische Sprache überaus klangvoll erscheinen.

## Lagom

Die Verfasserwohnung in Drottinggatan, der Königinnenstraße, hat drei Gastzimmer. Außer mir wohnten dort ein Schriftsteller aus der Türkei und ein dänischer Autor. Der Däne bemüht sich seit nunmehr sechs Jahren, ein Werk über Fanny Falken, die letzte Liebe von August Strindberg, zu verfassen. Strindberg, der nach drei gescheiterten Ehen zu einem der bekanntesten literarischen Frauenhasser geworden war, entflammte mit fast sechzig Jahren nochmals für die blutjunge Fanny, eine Malerin. Er zog in eine möblierte Wohnung in Drottinggatan 85 ein. In der Wohnung darüber lebte die Angebetete mit ihrer Familie. Es war wohl eine ähnliche Altersliebe wie die Goethes zur jugendlichen Marianne von Willemer. Doch die siebzehnjährige Fanny scheint das Werben nicht erhört zu haben. Die intensive Beschäftigung mit Strindberg hat im Äußeren des blassen jungen Schriftstellers ihre Spuren hinterlassen. Er lebt völlig in strindbergschen Gefilden. Wenn wir uns zufällig im Wohnzimmer begegnen, errötet er verlegen und huscht wie ein Schatten zurück in sein Zimmer.

Hier in Vasaparken spielen viele von Astrid Lindgrens Geschichten. Der Park wurde nach Gustav Vasa, dem Gründer des modernen Schwedens, benannt. Im Jahr 1520 eroberte der Dänenkönig Christian II. die Stadt und wollte mit einer Massenhinrichtung, dem berüchtigten „Stockholmer Blutbad", jeden Widerstand gegen die Dänen brechen. 1523 zog Gustav Eriksson Vasa in Stockholm ein und wurde als Gustav I. zum König der Schweden gewählt. Er führte 1527 die Reformation ein und brach die wirtschaftliche Übermacht der Hansestadt Lübeck. Auch Vasastaden, das Viertel, in dem Astrid Lindgren lebt, verdankt dem Haus Vasa seinen Namen. Die erfolgreiche Schriftstellerin wohnt keineswegs in einer der vornehmen Villengegenden.

Darauf legt sie keinen Wert. Ihre Devise lautet in allem, was sie tut: „Mehr sein als scheinen". Und gerne zitiert sie Arthur Schopenhauer: „Man brauche einfache Worte und sage große Dinge!"

Aus Geld macht sie sich wenig, sie lebt sparsam und verschenkt vieles, um anderen zu helfen. Sie ist voller Witz und Wehmut, weltbekannt und doch bescheiden, phantasievoll und doch nüchtern. Die „Grand Old Lady" der Kinderliteratur verkörpert in vielem die typische schwedische Lebenshaltung, in der Sachlichkeit, Vernunft und gesunder Menschenverstand einen „rationalen Mittelweg" suchen. „Lagom" – was zu Deutsch etwa „angemessen-vernünftig" bedeutet, heißt das schwedische Schlüsselwort. Sie ist praktisch und realistisch. Früher half sie ihren Freunden, wenn bei ihnen der Wasserhahn tropfte oder der Ausguß verstopft war, beriet sie bei Erb- und Steuerangelegenheiten und stand ihnen bei seelischen Problemen zur Seite. Ohne viele Worte und Gebärden brachte sie die Dinge in Ordnung. Ein Motto ihres Lebens lautet: „Glück und Unglück, beides/ trag in Ruh. Alles geht vorüber/ und auch du." In Vasastaden, unweit vom Stadtzentrum, führt sie äußerlich das Leben einer schwedischen Durchschnittsbürgerin. Aber das ist sie ganz und gar nicht, wenn es um ihr Werk geht. Hier entwickelt sie ihre grenzenlose Phantasie und ihre ungewöhnliche Begabung, für Kinder zu schreiben, Fähigkeiten, die in hohem Maße zu ihren überwältigenden Erfolgen beigetragen haben.

## Stockholm, die Mälarkönigin

Die Menschen in ihrem geliebten alten Stadtviertel stammen mehrheitlich aus der Mittelschicht und der Arbeiterklasse. In der Dalagatan gibt es einfache Geschäfte, einen

Trödelladen und eine Bäckerei. Nur das durchsichtige Licht der langen nordischen Tage im Juni verleiht den betulichen Bürgerhäusern eine fast schwebende Leichtigkeit. Stockholm ist mit seinen anderthalb Millionen Einwohnern die mit Abstand größte Stadt Schwedens. Nils Holgersson – Selma Lagerlöfs kleiner Held – erlebte die Stadt während seiner „wunderbaren Reise" von der Luft aus, auf seiner Wildgans Akka sitzend, „als Stadt, die auf dem Wasser schwimmt". Stockholm wurde im 13. Jahrhundert am Schnittpunkt des Mälarsees und der Ostsee gegründet. Es erstreckt sich über vierzehn kleine Inseln und eignet sich hervorragend für Häfen. Die Schweden nennen ihre Stadt auch liebevoll „Mälardrottingen", die Mälarkönigin.

Der Name Stockholm soll sich von den Pfählen einer Brücke über den Norrström ableiten. Weil die Stadt von zahllosen Wasserläufen durchzogen wird, hat man sie auch „Venedig des Nordens" getauft. Im Laufe der Jahre haben zahlreiche Brände das Stadtbild zerstört, doch die noch erhaltene Altstadt mit ihren Patrizierhäusern und verschlungenen Gäßchen ist von romantischer Schönheit. Im Zentrum befindet sich das Konzerthaus, wo im Dezember die Nobelpreise verliehen werden. Der unübersehbare Mittelpunkt der schwimmenden Stadt aber ist das monumentale Schloß auf der kleinen Altstadtinsel. Es stammt aus der Zeit Karls XII., der auch bei Pippi Langstrumpf vorkommt, und wurde 1753 vollendet. Mit einem farbenprächtigen Spielmannszug findet täglich Punkt zwölf vor dem Schloß die Wachablösung statt.

Straßenlärm dringt von der Dalagatan zum Vasapark herüber. Ich blättere in meinem neuerworbenen Buch mit dem altmodischen Einband aus den fünfziger Jahren. Ein kleiner Junge mit einem Holzschwert sieht durch das Fenster auf einen Wald voller Räuber. In der Geschichte von „Peter und Petra" lese ich, daß unter den Wurzeln einer Tanne einst eine Zwergenfamilie hauste. „In der Gustav-Vasa-Volksschule in Stockholm geschah im letzten Jahr etwas ganz Besonderes …“ beginnt die Geschichte. Zwei Zwerge, nicht größer als Puppen, wollen eines Tages im Winter plötzlich am Schulunterricht in der Vasa-Volksschule teilnehmen. Der Vasapark und die Tanne gehören zum Bezirk dieser Schule, Ordnung muß sein. Erst abends, als die Eisbahn bereits geschlossen ist und die lärmenden Kinder verschwunden sind, wagen die beiden Wichtel, kunstvolle Pirouetten auf dem Eis zu drehen. Der kleine Gunnar, ihr Mitschüler, darf sie dabei beobachten. Als er an diesem Abend nach Hause kehrt, fühlt er sich so glücklich, als klinge eine zarte Musik in ihm. Kurz nach dieser Begegnung sind die Zwerge plötzlich weggezogen.

## Das Haus mit den roten Markisen

Ich klappe das Büchlein zu und überlege mir, welche Tanne es wohl gewesen sein könnte. Jetzt, im Frühsommer, tummeln sich die Kinder im Park auf den Rutschen und den Klettergerüsten. Von hier aus kann ich das Wohnhaus mit der schlichten Fassade und den roten Markisen gut sehen, in dem Astrid Lindgren seit über fünfzig Jahren wohnt. Ob Karlsson noch immer ganz oben auf dem Dach in seinem winzig kleinen Haus lebt, kann ich mit bloßem Auge nicht genau erkennen. Karlsson vom Dach ist der eigenartige Kerl, der stets zu Streichen aufgelegt ist und mit seinem eingebauten Propeller über die Dächer von Stockholm schwirrt. Nach seinen eigenen Worten ein schöner und grundgescheiter und gerade richtig dicker Mann in seinen besten Jahren.

Auch Herr Lilienstengel aus dem Land der Dämmerung, von dem ebenfalls in meinem neuerworbenen Buch erzählt wird, ist über solche Dächer geflogen. Der kleine Göran hat gerade erfahren, er werde niemals mehr draußen herumtollen können; wahrscheinlich ist er an Kinderlähmung erkrankt. Schon hört er ein Klopfen am Fenster, und Herr Lilienstengel holt ihn zu einem Rundflug über Stockholm ab. Für Göran spielt im Land der Dämmerung sein krankes Bein keine Rolle mehr. Hier kann er ja fliegen. Bei Astrid Lindgren gibt es auch für die kranken und leidenden Kleinen ein Reich, in dem sie unbeschwert glücklich sein können wie gesunde Kinder.

Hierher in den Park kommt Astrid häufig, wenn sie nicht gerade auf Reisen ist. Gemeinsam mit einer Freundin unternimmt sie rüstigen Schrittes fast täglich Spaziergänge. Oft trägt sie einen schwarzen Mantel, einen weißen Schal, die schwarze Baskenmütze schräg aufgesetzt. Die dunkle Brille schützt das Augenlicht, ihre Berühmtheit kann sie nicht verbergen. Es gibt in Schweden wohl wenige, die sie nicht auf Anhieb erkennen würden. Vor nicht allzu langer Zeit hat eine begeisterte junge Frau sie so stürmisch umarmt, daß Astrid fürchtete, sie würde ihr vor lauter Freude eine Rippe brechen. Als sie einmal mit einer Einkaufstasche in einen Bus einsteigt und wegen ihrer schlechter Augen den Fahrer bittet, das Fahrgeld aus dem Portemonnaie zu nehmen, sagt er mit einem breiten Lächeln: „Pippi Langstrumpf fährt umsonst!" Es kommt Leben in die anderen Fahrgäste: „Wie aufregend, Astrid Lindgren die Hand zu schütteln!" ruft einer der Mitreisenden aus. „Wenn Sie es so toll finden, dann schütteln Sie mir ruhig noch mal die Hand", erwidert die alte Dame, die nie um eine Antwort verlegen ist.

Nicht weit von hier liegt auch der kleine Tegnérpark. Er ist nach dem Nationaldichter der Schweden, Esaias Tegnér, benannt. Der früh verwaiste Pfarrerssohn aus dem 18. Jahrhundert hatte sich der nordischen Mythologie gewidmet, aber auch für die nationale Freiheit seiner Landes eingesetzt. Am bekanntesten wurde er durch die Umdichtung der altisländischen „Frithiofs saga". Außerdem steht dort ein Denkmal von Johan August Strindberg.

## Zwischen Wirklichkeit und Traum

Auch im Park der Dichter verschwinden die Konturen zwischen gestern und heute, zwischen Wirklichkeit und Traum, und es tun sich verborgene Welten auf. Als Astrid Lindgren einmal durch diesen Park ging, bemerkte sie einen traurigen kleinen Jungen. Unter ihrem dichterischen Blick verwandelte sich die Gestalt des einsamen Kindes in den kleinen Bo, der zum Prinzen Mio wird. Für viele Leser ist „Mio, mein Mio" das Lieblingsbuch aus dem Lindgrenschen Werk. Bo Vilhelm Olsson, ein einsames, von seinen Zieheltern ungeliebtes Waisenkind, saß auf einer Bank im Tegnérpark, heißt es in der Geschichte.

Seine Pflegefamilie mochte kleine Jungen überhaupt nicht leiden und hatte ihn nur angenommen, weil es im Kinderheim gerade kein Mädchen gab. Aber auf das traurige Kind wartet ein großes Glück. Als Prinz Mio findet er seinen Vater, der als König im Land der Ferne lebt. Sogar im Radio ist damals darüber berichtet worden: „Die Polizei sucht den neunjährigen Bo Vilhelm Olsson, der seit gestern aus der Wohnung Upplandsgatan 13 verschwunden ist. Bo Vilhelm Olsson hat helles Haar ..."[1] Dort im Land der Ferne gibt es einen Rosengarten, in dem wunderbare Musik von tausend gläsernen Glocken erklingt. Wer diese Töne vernimmt, dessen Herz erzittert vor Freude. Vielleicht war es eine Melodie von Mozart. Nach ihrem Lieblingskomponisten befragt, sagte Astrid Lindgren einmal: Mozart, Mozart, Mozart.

## Endlich ist es so weit

Endlich ist die Zeit gekommen. Gemeinsam mit Marianne Eriksson stehe ich vor der Haustür in der Dalagatan. Nun sind die richtigen Zahlen gedrückt, und die Haustür hat sich geöffnet. Noch ein paar Stufen, und wir stehen vor Astrid Lindgrens Wohnung. Marianne und ich werden erwartet. Schon öffnet sich die Tür, und im Halbdunkel des Flurs erkennt man die zierliche Gestalt der Autorin. Wie so oft ist sie dunkelblau gekleidet und trägt eine filigrane Perlenkette. Im Märchen dient die Farbe Blau als Symbol des Wunderbaren, und die weißen Perlen versinnbildlichen Erleuchtung. Auf dem runden Tisch in der Diele mit der zartrosafarbenen Tischdecke steht ein Glas mit Buschwindröschen. Weiß, Blau und Rosa sind Astrid Lindgrens drei Lieblingsfarben.

Später, kurz bevor ich wieder gehe, bittet die Gastgeberin mich, im halbdunklen Flur eine Glühbirne einzuschrauben. Ich klettere auf einen etwas wackeligen Stuhl und sage dabei Goethes vielzitierte letzte Worte vor mich hin: „Mehr Licht." Astrid meint daraufhin ironisch: „Ja, ja der gute Goethe, was der nicht alles gesagt haben soll. Aber mehr Licht könnten wir alle brauchen." Da läutet es an der Tür, und strahlend stellt sie mir einen ihrer Enkelsöhne vor. Ich denke mir, wie viele Kinder auf der Welt hätten nicht gerne eine solche Großmutter.

Auf dem Tisch liegt ein Briefumschlag, darauf ist von Kinderhand unverkennbar „Pippi Lotta Langstrumpf" gekritzelt worden. Täglich trifft solche Post ein. Gezählt hat die Briefe wohl niemand, es sind zu viele. „Zeitweise kommen hundert Briefe pro Woche, das kann einem schon zur Last werden", meint Astrid Lindgren. Bis 1982 hat sie alle Briefe persönlich beantwortet und viel Zeit damit verbracht. Dann wurden ihre Augen immer schlechter. Heute wird ihr diese Arbeit von Hilfskräften abgenommen. Den meisten der kleinen Briefschreiber genügt es, wenn Astrid ihnen eine unterschriebene Fotografie schickt oder eine Broschüre, in der sie auf einschlägige Fragen antwortet. Briefe mit persönlichen Anliegen aber läßt sie sich immer noch vorlesen, um dann selbst eine Antwort zu diktieren. Oft erreichten sie auch Bücher zum Signieren. Als es zu viele wurden, hat sie mit der Post eine Vereinbarung getroffen, die Bücher wieder zurückzuschicken. Auch Erwachsene melden sich zu Wort. Häufig sind es Mütter, die in den vierziger Jahren wie Pippi, der „kleine Übermensch", zur Welt gekommen sind. Nun wächst schon die dritte Pippi-Generation heran.

## Wie im Kirschtal

Astrid Lindgren empfängt mit warmem Händedruck. Man fühlt sich willkommen. In der Wohnung an der Dalagatan wohnt sie schon seit 1941. Als junge Frau ist sie mit ihrem Mann Sture Lindgren, dem damaligen Direktor des Königlichen Automobilklubs, sowie mit den beiden Kindern Lars und Karin hier eingezogen. Seit 1952 ist sie Witwe. Sie liebt heute das Alleinsein und die Ruhe ihrer Wohnung. Das Wort „allein" hat im Deutschen auch eine hintergründige Bedeutung: alles in einem sein. Manchmal träumt sie davon, wie ein kleines Tier in einer Waldhöhle zu sitzen. Die Zimmer sind mit alten schwedischen Möbeln eingerichtet. An den Wänden hängen viele Bilder. Darunter finden sich Lithographien und Radierungen von zeitgenössischen Malern. Da gibt es auch ein naives Ölbild mit dickem Goldrahmen, auf dem ein tandemfahrendes Brautpaar abgebildet ist. Der Brautschleier weht lustig im Fahrtwind. Vielleicht erinnert Astrid das farbenfrohe Gemälde an ihre Eltern

Samuel August und Hanna, denen das seltene Glück einer lebenslangen Liebesgeschichte beschieden war.

Als ich ihre Bilder bewundere und sage: „Sie haben aber schöne Bilder", blitzt es schalkhaft im Gesicht der siebenundachtzig Jahre alten Dame. Auf den Wangen zeichnen sich zwei kleine Grübchen ab. Wie ein junges Mädchen entgegnet sie rasch: „Wenn sie nicht schön wären, hätte ich sie wohl nicht gekauft." In ihrer Jugend hat sie selbst gemalt und für einige Monate die Kunstschule besucht. Sehr schlecht allerdings, findet sie selbst. Ihre eigenen Bilder hätte sie hier nicht aufhängen wollen. Dann fügt sie lakonisch hinzu: „Eigentlich wollte ich ja nie ein Buch schreiben. Aber zum Schreiben hatte ich eben doch ein wenig mehr Talent als zum Malen." Eine Zeichnung von ihr ist allerdings weltbekannt geworden: Die erste Pippi, im roten Kleid mit blauen Ärmeln, ein Geschenk für ihre Tochter Karin.

Auf den grauen Fensterbrettern hinter den weißen Voilevorhängen stehen rosa Azaleen. Die Dame des Hauses liebt die Welt der Blumen und Pflanzen über alles. Ordentlich aneinandergereiht, in regelmäßigen Abständen liegen viele Nippes auf den braunen Regalen. Die Wohnung mit den schweren schwedischen Möbeln ist gemütlich. Wir setzen uns auf das weiße Sofa vor dem Kamin, neben dem rosafarbenen Kanapee und dem schweren Holztisch. Astrid Lindgren zeigt mir eine ganze Bücherwand, gefüllt mit ihren eigenen Werken. In der ordentlichen Kemenate hat jedes Ding seinen Platz. Manche Besucher hat dieser Raum mit seinen rosa-weißen Farbtönen an die Stimmung des Kirschtals im Nangijala der Brüder Löwenherz erinnert. Und die kleine Porzellantaube am Fenstersims gemahnte sie an die schneeweiße Taube der Taubenkönigin, die zum kleinen kranken Krümel flog und ihn mit freundlichen Augen anblickte.

## Kobolde und Katzen

Das Arbeitszimmer nebenan spiegelt eine andere Seite von Astrid Lindgrens Wesen wider. Hier herrscht ein ungebändigtes, kreatives Durcheinander. Auf dem braunen Sofa mit dem weißen Kissen stapelt sich ungeöffnete Post. Verschiedene Brillen und Vergrößerungsgläser sollen das Lesen erleichtern. In diesem Raum hängen vor allem Bilder von Ilon Wikland, die Astrids Lieblingsillustratorin ist. Und dann stehen überall Geschenke ihrer dankbaren Leserschaft herum, sorgsam aufbewahrt: Da gibt es Puppen verschiedenster Größen und behaarte Kobolde, rote Fliegenpilze, Blumen und Engel, Kutschen und Körbe, Katzen und Kerzenständer.

Astrid findet nie Zeit, Ordnung in diesem Zimmer zu schaffen. Ein Dilemma, das sie mit vielen schöpferischen Menschen teilt. Und dann steht da ihr Schreibtisch, mit Schriften, Schachteln und Stiften übersät. Auf der weißen Schreibmaschine allerdings ist keines ihrer Werke entstanden. Die hat sie mit der Hand geschrieben und erst später hier fertiggestellt. Die meisten Bücher hat sie liegend im Bett geschrieben, hier gelingt ihr der Rückzug in ihre imaginäre Innenwelt am besten. „Im Bett, abgeschirmt von der Außenwelt, schaffe ich mir meine eigene Welt", sagt Astrid. In der Wohnung gibt es auch ein ovales Holzbett, mit schnörkeligen Girlanden verziert: Hier hat sie ihrer damals siebenjährigen Tochter Karin zum allerersten Mal von Pippi Langstrumpf erzählt!

Auf der Fensterkante hinter einem Pult stehen neben einer Bronzebüste von Astrid Lindgren rosa und hellblaue Anemonen. Durch das Fenster sieht man auf Vasaparken. Merkwürdigerweise hatte sie von diesem Park schon gehört, als sie noch ein ganz junges Mädchen in Småland war. Ihre beste Freundin hatte ihr von einer Reise nach Stockholm geschrieben: „Die Jungen im Vasapark sind „g-z". In der Geheimsprache der beiden bedeutete es, daß sie die Jungens „süß" fand.[2]

## Die thailändische Prinzessin

Die Bücherborde können die vielen Schriften und Bücher kaum mehr aufnehmen. Schon in jungen Jahren wurde Astrid zur nimmersatten Leseratte: „Ja, das grenzenloseste aller Abenteuer der Kindheit, das war das Leseabenteuer. Für mich begann es, als ich zum ersten Mal ein eigenes Buch bekam und mich da hineinschnupperte. In diesem Augenblick erwachte mein Lesehunger, und ein besseres Geschenk hat mir das Leben nicht beschert", erinnert sie sich. Die Lehrerin gibt den Kindern einen Prospekt, aus dem sie sich zu Weihnachten ein Buch aussuchen dürfen. Astrid wählt „Schneewittchen", mit einer von Jenny Nyström gezeichneten drallen, schwarzlockigen Prinzessin auf dem Einband. Das war ihr erstes richtiges Buch. „Ein Buch ganz für sich allein zu besitzen – daß man vor Glück nicht ohnmächtig wurde!" Später kaufte sie sich noch „Unter Wichteln und Trollen" von Helena Nyblom mit John Bauers unvergeßlichen Illustrationen aus dem Jahr 1913.[3]

Heute allerdings kann sie wegen ihrer schwachen Augen kaum noch selber lesen, auch das Hören fällt schwer. Für unser Gespräch kramt sie in ihrer großen schwarzen Handtasche nach einem Hörgerät. Der Apparat stößt einen Pfiff aus, als Signal, daß er richtig eingestellt ist und das Gespräch nun losgehen kann. Doch noch ist es nicht so weit. „Ruhig, nur ruhig", wie Karlsson vom Dach zu sagen pflegt, erst wird noch fotografiert. Marianne Eriksson in ihrem leuchtend roten Kostüm kniet auf dem weißen Teppich. Damit es auch ein richtig schönes Bild wird, mit Perspektive und so, rutscht sie auf den Knien in Richtung Fenster und dann wieder auf das Sofa zu, auf dem wir sitzen. Sie schwankt zwischen Nähe und Weite.

Und da kommt mir plötzlich eine Begebenheit in den Sinn: „Ich war einmal in Thailand bei einer königlichen Prinzessin zum Tee eingeladen", erzähle ich, „und da sind die Diener und Dienerinnen gerade so auf dem Boden herumgerutscht." Astrid Lindgren sieht mich neugierig an. Sie will ganz genau wissen, wie sich das zugetragen hat und warum sich die Menschen im fernen Asien so sonderbar betragen. Nun hätte ich irgendeine Lügengeschichte auftischen können. Vielleicht diese: „Die Leute in Thailand sind so vergeßlich, daß sie nichts im Kopf behalten können und ihnen die Gedanken ständig auf den Teppich rutschen. Daher müssen sie ihre Köpfe so nahe am Boden halten, damit sie nachschauen können, was sie gerade gedacht haben. König wird, wer alles in Kopf behalten und gerade sitzen kann."

Aber so etwas wage ich natürlich nicht auszusprechen, denn was wäre diese Kleinlüge schon gegen die meisterhaften Lügengeschichten einer Pippi Langstrumpf. Die wußte zu berichten, sie habe in Schanghai einen Chinesen gesehen, dessen Ohren so groß waren, daß er sie als Umhang benutzen konnte. Wenn es regnete, kroch er unter die Ohren und machte es sich gemütlich. Bei besonders schlechtem Wetter lud er noch seine Freunde und Bekannten zu sich unter seine Ohren ein. Gemeinsam sangen sie dann schwermütige Lieder, bis der Regen vorüber war. Wegen seiner Ohren war Hai Shang sehr beliebt. „Ihr hättet mal sehen sollen, wenn Hai Shang morgens zu seiner Arbeit lief. Er kam immer in der letzten Minute angerannt, denn er schlief gerne lange, und ihr könnt euch nicht vorstellen, wie hübsch das aussah, wenn er so angesaust kam und die Ohren wie zwei große gelbe Segel hinter ihm her flatterten", log Pippi.[4]

## Ob Putzfrau oder Königin

Da man mit solchen Geschichten natürlich nicht mithalten kann, antworte ich wahrheitsgetreu, daß mit diesem thailändischen Bodenkriechen Achtung und Respekt vor den, im wahren Sinn des Wortes, Höhergestellten zum Ausdruck gebracht werden solle. Rangniedere dürften Ranghöhere auch nicht körperlich überragen. Vor nicht allzu langer Zeit seien zwei rivalisierende Generäle in dieser Weise vor König Bhumibol gekrochen. Auf sein königliches Geheiß hätten sich die beiden kriechenden Generäle miteinander versöhnt. Dieses Bild muß ihre Phantasie entzündet haben, denn im Verlauf unserer Gespräche kommt Astrid Lindgren noch einige Male auf mein Erlebnis in Thailand zurück. Als junges Mädchen hat sie viele solche Begebenheiten in sich eingesogen und mit ihrer blühenden Einbildungskraft daraus die erstaunlichsten Geschichten geformt: „Daß es eine Zeit im Leben des Menschens gibt, wo man mit solcher Inbrunst und Hingabe liest." Sie erinnert sich an einen Baum in Australien, der umstürzte und ein junges Mädchen erschlug. An eine Ziege, die im Schweden der Notzeit im Winterschnee herumirrte. An eine Wölfin in Indien und an einen Fuchs, der Wildgänse jagte. Diese Zeitungsnotizen haben sich für immer in ihr Gedächtnis eingeprägt.[5]

Mit ihrem Einfallsreichtum, ihrem Scharfsinn und ihrer vollendeten Erzählkunst ist die kleine Dame neben mir auf dem Sofa in Schweden, ja in ganz Skandinavien fast zu einer Institution geworden. Sie wird von Menschen aller Schichten verehrt. In den Volksbibliotheken gehören ihre Werke zu den am meisten ausgeliehenen Büchern, im Jahr 1985 waren es zwei Millionen Ausleihen. Soziale Schranken bedeuten ihr wenig. Für Astrid Lindgren sind sich alle Menschen in einem Punkt ähnlich. Es ist ihr egal, ob jemand eine Königin oder eine Putzfrau ist. Sie sieht in ihnen die Kinder, die sie einmal waren.

Vor meiner Reise nach Stockholm treffe ich in Genf kurz mit Königin Silvia zusammen. Als ich ihr erzähle, daß ich einen Besuch bei Astrid Lindgren plane, strahlt sie und sagt: „Was ist sie doch für eine wunderbare Frau!" Und dann in Stockholm, im altmodisch gemütlichen Hotel in der Drottingatan, will ein Zimmermädchen den Grund meiner Reise nach Schweden wissen. Wieder antworte ich: „Ein Zusammentreffen mit Astrid Lindgren." Das gleiche Leuchten in den Augen, die gleichen Worte: „Welch wunderbare Frau!"

## Der Sommerklumpen

Ähnlich wie Astrid Lindgrens Ronja Räubertocher haben die meisten als Kinder eine unauslöschliche Freude über die Schönheit des Sommers empfunden. Manche Erwachsene tragen die Sehnsucht nach solchen Sommern immer noch tief im Herzen. Wie Astrid Lindgren ihre Ronja sagen läßt, hat sie wohl selbst die Sommer in sich eingesogen wie die Wildbiene den Honig. Ronja sammelte sich einen „großen Sommerklumpen" zusammen, um davon zu leben, wenn der Sommer längst vergangen ist.

Dieser Klumpen ist wie ein riesiger Kuchen aus Sonnenaufgängen, aus Blaubeerreisig mit reifen Beeren, aus Sommersprossen, aus dem abendlichem Mondschein über dem Fluß, dem Sternenhimmel und dem Wald in der Mittagshitze. Er ist voll von Sonnenlicht auf den Fichten und kleinen Regenschauern. Da gibt es Eichhörnchen, Füchse, Hasen, Elche und Wildpferde. Und nicht zu vergessen – Schwimmen und Reiten im Wald. Kurzum, der „Kuchen" besteht aus allem, was einen Sommer ausmacht. Astrid Lindgren hat ihr ganzes Leben, besonders in schwierigen Zeiten, vom „Sommerklumpen" ihrer Kindheit gelebt.[6]

Mit dem Zug fahre ich Richtung Süden, nach Gnesta, um die Schönheit der schwedischen Landschaft zu erleben, von der Astrid Lindgren gesagt hat: „Ich wohne im schönsten Land der Welt: Hier gibt es alles, vom Lichten und Lächelnden bis zum Dunklen und Ernsten, oft auf die bezauberndste Weise gemischt." Im Großabteil sitzen die Menschen stumm nebeneinander, blicken aneinander vorbei, wie im Wachsfigurenkabinett. Nur ein kleines barfüßiges Mädchen springt und tanzt herum, klettert den fremden Leuten auf den Schoß und streckt der genervten Mutter die Zunge heraus. Ein kleines temperamentvolles Mädchen, umgeben von erstarrten Erwachsenen. Beim Schwedenkenner Michael Salzer habe ich gelesen, auffallend sei das allgemeine Schweigen der Schweden, wenn sie öffentlich zusammenkämen. „Schon eine vernehmliche Unterhaltung gilt als unschicklich. Ausländer oder Einwanderer, die aus ihren Gefühlen keinen Hehl machen, sind dem Homo suedicus ein peinliches Ärgernis."

## Keine harmlose Märchentante

Das kleine freche Mädchen gemahnt mich ein wenig an Pippi, die in die Jahre gekommen ist und demnächst ihren fünfzigsten Geburtstag feiern wird. Ihre Schöpferin Astrid Lindgren ist alles andere als ein konventioneller Mensch. Sie geht direkt auf einen zu und drückt spontan aus, was sie empfindet. Die Beschwerden des Alters haben dem „inneren Kind", für das sie alle ihre Geschichten erdacht hat, nicht viel anhaben können. Im Laufe unseres Gesprächs nimmt sie unversehens einige Male mein Gesicht in ihre Hände und „knuddelt" mich. Mir wird es ob so viel Herzlichkeit ganz warm ums Herz. Einige Tage später fange ich wie ein Kind zu lachen an, als mir diese Szene plötzlich wieder in den Sinn kommt. Ich stehe in einer Schlange vor einem Bankschalter in der Stockholmer Innenstadt, und es treffen mich verwunderte Blicke der hier geduldig anstehenden Menschen. Ähnlich ergeht es mir im Warteraum am Flughafen.

Astrid Lindgren ist anders, als man meint. Von sich selbst sagt sie, sie sei nicht nur eine liebe und harmlose Märchentante, die niemandem etwas zuleide tue. Sie kann sich auch sehr über jemanden ärgern und scheut, wenn sie sich für etwas einsetzt, vor öffentlichen Auseinandersetzungen keineswegs zurück. Sie war fast siebzig, als sie sich in die öffentliche Debatte einmischte. Ihr Motto findet sich in „Die Brüder Löwenhwerz“: „Es gibt Dinge, die man tun muß, sonst ist man kein Mensch, sondern nur ein Häuflein Dreck.“ Ihr satirisches Märchen „Pomperipossa von Monsemanien“, 1976 im „Expressen“ erschienen, schrieb sie für Erwachsene. Der Anlaß war eine absurde Steuerrechnung. In diesem Märchen erzählt die Dichterin von einem Phantasieland, in dem man mit der Logik Schindluder treiben und beliebig viele Prozente errechnen kann. Mit ihrer Erzählung löste Astrid Lindgren einen regelrechten politischen Skandal aus und trug 1976 zum Sturz der Sozialdemokraten nach fünfzigjähriger Regierung bei.

## Für die Freiheit der Hühner

Im Jahr 1985 beginnt sie sich zusammen mit der Tierärztin Kristina Forslund für den Tierschutz einzusetzen. Astrid trägt die Zeit noch in sich, als die Kühe und Pferde, die Schweine und Hühner frei herumlaufen konnten. Sie weiß genau, wovon sie spricht, und prangert entschieden die grausame Behandlung dieser leidenden Kreaturen an. Dabei streitet sie sich heftig mit dem Minister und wichtigen Vertretern aus der Landwirtschaft. Unüberhörbar fordert sie die Abschaffung der tierquälerischen Mißstände in der Massentierhaltung und in den Großschlächtereien. So löst sie eine lebhafte Tierschutzdebatte in ganz Schweden aus. Mit ihren Tier-Interviews in „Dagens Nytheter" macht sie auf die grausame Massenviehhaltung aufmerksam. Auf deutsch sind ihre Gespräche unter dem Titel: „Meine Kuh will auch Spaß haben: Einmischung in die Tierschutzdebatte" erschienen. 1987 erreicht sie, worum sich Tierschützer seit mehr als einem Jahrzehnt vergeblich bemüht hatten: Zu ihrem achtzigsten Geburtstag wird ein „Lex Lindgren", ein verbessertes Gesetz zum Schutz der Tiere erlassen. Premierminister Ingvar Carlsson besucht sie eigens in der Wohnung in Stockholm, um der Tierschützerin mit der spitzen Feder die Einzelheiten des neuen Gesetzes persönlich zu erklären.

Unter der Bauernschaft stößt sie mit diesem Erfolg nicht immer auf Begeisterung. Ich treffe bei meiner Reise nach Südschweden auf ein altes Bauernpaar, das sein Leben lang nichts als Landwirtschaft betrieben und Schweden noch niemals verlassen hat. Die beiden sind sich einig, Astrid Lindgren dürfe zwar hübsche Geschichten für Kinder schreiben, sich aber nicht in Belange der Tierhaltung einmischen: „Weiß sie denn nicht", sagt die Frau, „wie mühsam es ist, abends hinter jedem einzelnen Huhn herzulaufen, um es wieder einzufangen?" Ähnliches sagte auch die Käfighenne Henne Lovis, als sie sich in einem fingierten Gespräch mit Astrid Lindgren vorstellte, die Hühner könnten in Freiheit nach Würmern scharren. „Raus aufs freie Land", sagte Lovis und sah ganz erschrocken aus. „Raus mit 230 000 Hühnern! Wie wollen Sie die denn abends wieder in den Stall kriegen?"[7]

## Nobelpreiswürdig

In ganz Skandinavien wird schon seit einiger Zeit immer wieder die Frage laut, ob Astrid Lindgren Nobelpreisträgerin werden könnte. Da die Kinderliteratur bis jetzt noch nie „nobelpreiswürdig" war, hat man wohl den Friedensnobelpreis im Sinn. Immerhin ist sie neben zahlreichen anderen Ehrungen 1958 mit der „Hans-Christian-Andersen-Medaille", der höchsten Auszeichnung für Kinderliteratur, ausgezeichnet worden, die man auch den kleinen Nobelpreis nennt. Und 1978 wurde sie für den „Friedenspreis des Deutschen Buchhandels" ausgewählt. Im Herbst 1994 hat sie dann den alternativen Nobelpreis verliehen bekommen, weil sie sich für das „Recht der Kinder auf Liebe und den Respekt für ihre individuelle Persönlichkeit" eingesetzt hat.

Während eines Gesprächs im vornehmen Haus der Nobelstiftung an der Sturegatan frage ich den Direktor Michael Sohlmann, ob denn auch die meistübersetzte schwedische Autorin Astrid Lindgren eine Kandidatin für den Nobelpreis wäre. Diskret antwortet er, daß er mir über mögliche Kandidaten generell keine Auskunft geben könne. Mit einem leisen Lächeln fügt er aber hinzu, über diese Preisträgerin würde er sich freuen. Es ist anzunehmen, daß der 1944 in Stockholm geborene Sohlman als Kind auch zu Astrid Lindgrens großer Leserschaft gehört hat.

## Die Sprache des Herzens

Hinter der Leichtigkeit, mit der Astrid Lindgren ihre Geschichten schreibt, steckt harte Arbeit. Jedes Kapitel wird von ihr zuerst auf dem Bett liegend rasch stenografiert, damit sie dem Fluß der Gedanken folgen kann. Ähnlich wie bei der siebenjährigen Madita in der gleichnamigen Erzählung kommen bei ihr „die Einfälle, so rasch, wie n' Ferkel blinzelt". Sie beherrscht die Fähigkeit, verschiedene Stilmittel miteinander zu verknüpfen. „Mio, mein Mio" ist in einer erzählerisch lyrischen Sprache verfaßt. Sie verwendet auch Kurzgeschichten und Märchen, um zu zeigen, mit welchen Schwierigkeiten die armen Menschen in ihrer Kindheit zu kämpfen hatten. Ihre starke Gefühlskraft wird nie sentimental. Sie beobachtet die Sprache wachsam, und wenn diese an einer Stelle ihrer Geschichte ins Stocken zu geraten droht, ändert sie blitzschnell die Richtung.

Die deutschen Übersetzungen mögen von unterschiedlicher Qualität sein. Trotzdem geht der ganz besondere Zauber ihrer Erzählungen nicht verloren. Sie zeichnet das Leben mit der Sprache des Herzens, in seiner Fülle, in der jeder Tag zum Abenteuer wird. Dahinter steht die Kraft der Liebe zu den Kindern, die Anspruch auf Literatur von hoher Qualität haben. Auch für den erwachsenen Leser sind ihre Geschichten wie Sprachbalsam in einer Zeit des großen Geschwätzes. Die literarische Form entspricht dem Gehalt ihrer Geschichten so genau, wie es sonst nur bei Meisterwerken der Literatur für Erwachsene vorkommt.

Oft beginnen ihre Geschichten damit, daß Kindern etwas Wesentliches in ihrem Leben fehlt. Wie Mio und Rasmus, die Waisenkinder, oder Niels Däumling, der von beiden Eltern wegen ihrer Arbeit tagsüber allein gelassen wird. Gerade wenn es am traurigsten zu sein scheint, tritt die Wende zum Besseren ein, eröffnet sich eine neue Dimension. „Wir brauchen nicht zu verzweifeln, auch wenn sich ein Wunsch nicht erfüllt, dann gibt es noch viele andere." (Dalai Lama)

## Mit glänzenden Augen und glühenden Wangen

Auf der ganzen Welt verschlingt ihre Leserschaft mit glühenden Wangen und glänzenden Augen ihre Bücher und bangt schon ein wenig, ihre Geschichten könnten doch einmal zu Ende gehen. Ihre Bücher wurden in sechzig Sprachen übersetzt. Ein kluger Kopf hat ausgerechnet, daß es 175 Eiffeltürme ergäbe, wenn man die geschätzten dreißig Millionen Exemplare übereinanderstapelte. Oder in Reihen gelegt, könnte man darauf gleich dreimal um die Erde marschieren. Dazu kommen noch zwei Dutzend Filme, Theaterstücke, Hörkassetten. Sie hat an die fünfzig Preise gewonnen. Allein in Deutschland sind etwa vierzig Schulen nach ihr benannt worden. Und jetzt gibt es auch einen deutschen und einen schwedischen Astrid-Lindgren-Preis.

Inzwischen werden sogar Doktorarbeiten über ihr „rothaariges Mädchen" verfaßt. Was die wohl dazu gesagt hätte, da sie doch so wenig von Schule und Gelehrsamkeit hielt: „Aber bedenkt mal", sagte Pippi und legte nachdenklich ihren Finger an die Nase, „wenn ich gerade gelernt habe, wie viele Hottentotten es gibt, und einer davon bekommt Lungenentzündung und stirbt – dann war alles umsonst ..." Die Schwierigkeit besteht nämlich darin, das weiß Pippi ganz genau, daß die Hottentotten sich nicht benehmen, wie es sich der Schulbuchschreiber vorstellt.[8] Ähnlich verhält es sich mit Astrid Lindgrens Werk und den Kritikern, die psychologisch, pädagogisch, soziologisch und sogar politisch deuten. Wenn sie von den verschiedenen Auslegungen erfährt, sagt sie meist nur: „So, das also habe ich mit meinen Geschichten sagen wollen. Das habe ich bisher noch gar nicht gewußt."

Astrid Lindgren zeigt durch ihr Leben, daß es auch Erwachsene gibt, die sich ihre innere Freiheit und ungebrochene Spontaneität bis ins hohe Alter bewahren. Wenn sie spricht, streckt sie oft ihren langen Zeigefinger in die Luft. Ihre feingliedrigen Hände erwecken den Anschein, als dirigiere sie eine unhörbare Melodie, die ihre Worte begleitet. An manchen Stellen unseres Gespräches sagt sie spontan Verse aus einem von ihr selbst verfaßten Gedicht oder einem ihrer Lieblingsgedichte auf.[9] Dann wieder singt Astrid Lindgren mir spontan eine Weise aus ihrer Kindheit vor. Ihre Freundin Elsa Olenius hat über Astrid Lindgrens Gesang vor fast dreißig Jahren geschrieben: „Ein wahrer Genuß ist es, sie småländische Moritaten singen zu hören, ein Erbe mütterlicherseits. Man hört beinahe das Sausen der Wälder ihrer Kindheit."[10]

# II.
# „Sag mir, wo Bullerbü liegt" – Astrid Lindgren im Gespräch

## Das Paradies der Kindheit

Mithin, sagte ich ein wenig zerstreut, müßten wir wieder vom Baum der Erkenntnis essen, um in den Stand der Unschuld zurückzufallen? Allerdings, antwortete er; das ist das letzte Kapitel von der Geschichte der Welt.

Heinrich von Kleist, Das Marionettentheater

### *Im Einklang mit den Dingen*

*An einem Sommertag, die Vögel zwitscherten, saß ich mit meinem damals fünfjährigen Sohn Gregor zusammen im Garten mitten in der herrlichen Blumenpracht. Wir sogen in tiefen Atemzügen den Duft der Sommerblumen in uns ein. Beide schwiegen wir und waren beglückt von der Schönheit der Natur. Plötzlich sagte mein kleiner Sohn: „Das Leben ist wunderschön." Gibt es so etwas wie die „goldene Zeit der Kindheit", in der man die Freude über das Dasein besonders stark empfinden kann?*

– Meine Kindheit jedenfalls war sehr glücklich, weil sie voller Liebe war. Ähnlich wie Ihr Sohn die Schönheit dieses Sommertags empfunden haben mag, lebte ich als Kind im Einklang mit der Natur. In solchen glücklichen Augenblikken meint man, das Leben könne im Grunde immer so schön sein. Aber leider, in Wirklichkeit trifft das nur selten zu. Ganz bestimmt kann man eine Kindheit wie die meine auch in diesen Tagen noch erleben. Aber es gibt viele, viele arme Kinder, bei denen das gar nicht zutrifft. Nach der Filmpremiere der „Brüder Löwenherz" in Stockholm hat mir im Gedränge eine Frau ein zerknittertes Stück Papier zugesteckt. Darauf stand geschrieben: „Sie haben mir meine düstere Kindheit vergoldet!" Ich wäre glücklich, wenn ich auch nur eine einzige Kindheit vergoldet hätte.

*Könnten wir Erwachsenen nicht gerade von den Kleinen lernen, uns an der Schönheit der Natur zu erfreuen?*

– Aber natürlich. Menschen, die in Städten leben, können sich das kaum noch vorstellen. Auch heute gibt es überall viel Wunderbares. Schon bei einem Spaziergang im Park kann man das erleben. Man muß nur die Augen aufmachen und sehen wollen. Dann kann jeder diese Schönheit der Schöpfung erleben. Mich haben Wiesen, Wolken und Wälder tiefer beeindruckt als selbst die größten Bauwerke der Menschheit.

*Sie sind in der unverdorbenen und schönen Natur in Småland aufgewachsen. Diese Landschaft hat Sie wohl auch geprägt?*

– Ja, wir lebten ganz mit der Natur. Als ich klein war, spielte sich fast das ganze Leben draußen ab. Für mich ist die Natur das Wichtigste von allem. Ich brauche und liebe sie über alles. Wenn ich an meine Kindertage zurückdenke, dann fallen mir als erstes nicht die Menschen von damals ein, sondern die Wiesen und Wälder. Ich erinnere mich an die Frühlinge, als wir die ersten Anemonen pflückten. Welches Glück war es, wenn wir sie entdeckten. Steine und Bäume waren uns so nahe, als seien sie lebende Wesen. Bis heute noch ist die Natur für mich Freude und Trost geblieben. Die Erinnerung an meine Kindheit in „Bullerbü" lebt immer noch in meinem Herzen weiter. Bullerbü heißt eigentlich „Näs" und war ein Pfarrhof, den mein Vater gepachtet hatte. Wenn ich daran denke, dann kehrt diese Zeit zurück, als wäre es heute. Ich hatte auch ein kleines Lämmchen wie Lisa in den Bullerbü-Büchern und bin wie sie herumgetollt und über Zäune geklettert.

*Sie haben wohl schon immer eine besondere Vorliebe für das Klettern gehabt?*

– Ja, schon als Kind. In Vimmerby bewohnte ein Mädchen ein kleines Zimmer hoch auf dem Dachboden. Um bei Brandgefahr entkommen zu können, hatte man am Giebel ein Brandseil angebracht. Mit einigen Freundinnen stand ich im Hof. Wir unterhielten uns darüber, ob jemand hinaufklettern sollte. Die Mädchen fragten gar nicht, wer das tun sollte. Man schickte einfach mich los. Ich tat es mit Todesverachtung und ließ mich von den anderen aus dem Fenster heben. Als ich da aus dem zweiten Stock herausbaumelte, ließen die anderen das Seil plötzlich los. Ich plumpste auf die zementierte Straße und habe mir meine Knie aufgeschlagen. Sie wissen ja, wie Schulkinder sind, die haben mich nur ausgelacht. Dann ging eine alte Frau vorbei und rief ihnen zu: „Kümmert euch doch um sie. Seht ihr nicht, daß sie verletzt ist?"

Gott sei Dank war das Mädchen, das da oben in diesem Zimmer wohnte, die Tochter des Apothekers, und die Apotheke lag im gleichen Haus. Ich wurde ordentlich verbunden. Eigentlich sollte niemand etwas davon erfahren. Aber dann sprach sich die Geschichte doch herum, denn ich hätte ebenso tot sein können. Sogar der Direktor von unserer Schule bekam es zu hören. Ganz Vimmerby sprach davon. So erfuhr es auch mein Vater. Der aber sagte nur: „Wie gut, daß du aus einer Apotheke gefallen bist. Da gab's ja wohl genug Verbandszeug." Das war alles, was er zu diesem Vorfall in seiner nüchternen Art zu sagen hatte. Er war ein lieber Mensch mit viel Humor. Diese Begebenheit habe ich dann in mein Madita-Buch verwoben.

*Und wie war das mit dem Eulenbaum?*

– In unserem Garten steht dieser alte Baum mit seinen vielen Ästen. Weil die Eulen dort ihr Nest gebaut hatten, nannten wir ihn den Eulenbaum. Als Kinder hat uns das nächtliche Rufen der Eulen oft erschauern lassen. Der Baum war innen hohl und hat mir die Idee zu Pippis Limonadenbaum gegeben. Er war auch ein beliebter Kletterbaum. Immer wenn ich an diesen Baum denke, kann ich in meinen Händen noch die Griffe spüren, die nötig waren, um hinaufzugelangen. Und ich weiß noch, wie es sich unter den Fußsohlen anfühlte. Einmal kletterte Gunnar wie Bosse in meiner Bullerbü-Geschichte hinauf und legte den Eulen ein Hühnerei ins Nest. Und die haben es auch wirklich ausgebrütet.

*Haben Sie später in Stockholm ihre Klettergewohnheiten aufgegeben?*

– Nein, auch in Stockholm habe ich als junges Mädchen noch ganz verrückte Sachen unternommen. Eigentlich ist es ein Wunder, daß ich noch am Leben bin. Ich wohnte zur Untermiete in einer Wohnung. Als ich einmal nach Hause kam, stand die Zimmerwirtin vor verschlossener Tür und konnte nicht in ihre eigene Wohnung. Sie hatte den Schlüssel vergessen. Auch ich hatte, welch ein Zufall, keinen Schlüssel bei mir. Sie fragte mich, ob ich nicht durch ein offenes Fenster klettern könne, um übers Dach zu einem Fenster zu balancieren, das ebenfalls offenstand und in die Wohnung ging. Das war nicht so leicht, es war immerhin im vierten Stock. Ziemlich hoch also. Unten lag eine Straße mit Pflastersteinen. Es wäre mir nicht im Traum eingefallen, nein zu sagen, sondern ich kletterte über die Regenrinne. Dann kam ich zu dem offenen Fenster. Und das ging ausgerechnet nach außen auf. So mußte man es sehr geschickt mit Hilfe der Beine öffnen, um nicht dabei herunterzufallen.

*In Ihren Büchern kommen sehr viele Naturschilderungen vor. Lesen Kinder so etwas wirklich gern?*
– Ich denke schon. Ich nehme ein Stück Wildnis, gerade so viel, wie ich brauche. Ich glaube zu wissen, daß ich noch nie etwas geschrieben habe, was Kinder langweilt. Ich schreibe nie langatmige Geschichten mit vielen Wörtern, weil ich weiß, was das richtige Maß für Kinder ist.

*In „Ronja, Räubertochter" liegt ein Kreuzotterweibchen, das bald Junge bekommen soll, dicht neben den Kindern friedlich in der Sonne. Die Menschenkinder und die Schlange stören einander nicht. Der Frühling gehört allen Lebewesen. Sie haben damit fast das biblische Bild einer friedvollen Welt beschrieben. Ist unsere Kindheit auch ein Stückchen Paradies, weil Kinder in Harmonie und Frieden mit der Natur und den Mitgeschöpfen leben können?*
– Kinder sind ganz anders mit der Natur verbunden als Erwachsene. Ich selbst habe das jedenfalls so erlebt. Wir waren vier Geschwister, Gunnar, mein älterer Bruder, Stina und Ingegerd, meine jüngeren Schwestern und ich. Wir konnten ganz unbeschwert spielen und spielen und spielen. Ich weiß nicht, wie viele Kinder das heute noch können. Als ich „Ronja" schrieb, hatte ich Sehnsucht nach der Wildnis, die so weit weg schien. Hier in der Stadt blieb mir nichts anderes übrig, als von der Wildnis, von einem Wald mit schönen Bäumen zu träumen. Und da dachte ich mir, wenn ich das alles nicht in Wirklichkeit haben kann, dann will ich es in meiner Phantasie zu mir holen und eine Geschichte darüber erzählen. Dann nahm ich das wildeste Wilde, was ich mir ausdenken konnte, und dazu brauchte ich einige Räuber. Ich sah ein Bild von einem Berg und einer Burg. Plötzlich spaltete sich mit einem Donnerschlag der Fels, und eine Schlucht tat sich auf. Dann habe ich mir ge-

sagt, in diesen beiden Teilen wohnen verschiedene Menschen, und auf einmal waren die Gestalten von Ronja und Birk da.

*Wie konnten Sie es bei ihrer großen Naturverbundenheit nur aushalten, fünfzig Jahre mitten in der Stadt zu leben?*
– Na, mit Vasaparken in meiner unmittelbaren Nähe ging das schon. Und ich fahre oft zu meinem Häuschen nach Furusund in den Schären, wo ich noch eine geheime Stelle für Walderdbeeren habe. Außerdem bin ich ungeheuer seßhaft und bodenständig und möchte Veränderungen in meiner Umgebung am liebsten vermeiden.

## *Die Kindheit im Herzen tragen*

*Sehnen Sie sich manchmal nach ihrer Kindheit zurück?*
– Es ist zwar traurig, daß alles vorbei ist, aber ich möchte doch nicht wieder ein Kind sein im heutigen Schweden. Ich würde mir wünschen, daß das Leben der Kinder hier in Schweden und auf der ganzen Welt schöner wäre, als es ist. Es ist eine verkehrte Welt, in der es schwierig ist, glücklich zu sein. Und außerdem: Wäre ich immer ein Kind geblieben, dann hätte ich doch keine eigenen Kinder haben können. Man muß doch alle Lebensphasen miteinander vereinen.

*War ihre eigene Kindheit wirklich so ungetrübt?*
– Wir hatten natürlich auch unsere alltäglichen Sorgen, und es lief nicht alles mühelos und ohne Hindernisse. Aber diese Dinge wiegen wenig gegenüber den Erinnerungen an die glückliche Zeit, von der ich in meinen Bullerbü-Büchern erzählt habe. Wie schon gesagt, als Kind wollte ich vor allem immer, immer, immer spielen. Vielleicht ist es gut, wenn man sich in der Kinderzeit so richtig ausspielen kann.

*Und an Sonntagen sind Sie mit Ihrer Familie in die Kirche gegangen?*

– Damals habe ich den Kirchbesuch oft als langweilig empfunden. Bei der Predigt des Pfarrers konnte ich den schwierigen Worten kaum folgen. Da fragte ich meinen Bruder Gunnar, der neben mir auf der Kirchenbank saß: „Kannst du begreifen, was der Pfarrer da erzählt?" Er meinte: „Das Zeug versteht ja wohl niemand." Da war ich beruhigt und dachte, da muß ich mich nicht weiter um das Gerede kümmern und malte mir in Gedanken meine Geschichten aus. Das heißt aber nicht, daß wir nicht fest an Gott geglaubt hätten und brave Gotteskinder sein wollten.

*Kann man sich später im Kampf ums Dasein seine Kindlichkeit überhaupt bewahren?*

– Die Menschen sollten die Erinnerung an ihre Kindheit bis an ihr Lebensende mit sich tragen. Gut haben es eigentlich nur Kinder, deren Eltern sich um sie kümmern und ihnen Vertrauen mit auf den Lebensweg geben. Nur so kann die Welt besser werden. Wenn ich überhaupt etwas mit meinen Büchern erreichen will, dann ist es, die Erwachsenen und Kinder einander näherzubringen.

## *Große Dinge mit einfachen Worten sagen*

Gibt es eine Brücke zwischen der Kindheit und dem Erwachsensein? Oder sind das zwei Länder, die weit entfernt voneinander sind ?

– Meistens ist das wohl so, daß es da zwei verschiedene Welten gibt. Aber es gibt wohl auch Erwachsene, die diese Brücke bewußt überschreiten. Vielleicht trifft das besonders für Kinderbuchautoren zu, die sich als Wanderer zwischen diesen beiden Welten bewegen können. Bestimmt war Erich Kästner so ein Mensch. Er hat doch etwas darüber geschrieben …

*Sie meinen vielleicht diese Stelle: „Die meisten Menschen legen ihre Kindheit ab wie einen alten Hut oder wie eine Telefonnummer, die sie vergessen haben. Früher waren sie Kinder und dann wurden sie Erwachsene. Aber was sind sie jetzt? Nur wenn jemand ein Erwachsener ist und ein Kind bleibt, wird er ein Mensch.“*
– Das ist sehr schön gesagt. Er hat viel von Kindern verstanden. Aber es gibt auch viele Menschen, die überhaupt nicht mit Kindern sprechen können. Sie sollten das Kind in sich mehr zu Wort kommen lassen. Man muß immer daran denken, daß Kinder nur begrenzte Erfahrungen haben. Ich erinnere mich, daß einmal ein berühmter Schriftsteller gesagt hat, man sollte versuchen, selbst über große Probleme in so einfacher Sprache schreiben, daß auch das kleinste Kind es begreifen könnte. Ich glaube, daß ich instinktiv erfasse, was Kinder fühlen und denken. Und ich schreibe so, daß die Kinder es wirklich mögen. Und es gibt auch manche Erwachsene, die meine Bücher gern lesen.

## Die Engel singen Mozart

Jedes Kind ist gewissermaßen ein Genie, und jedes Genie ist gewissermaßen ein Kind.

Arthur Schopenhauer

### *Alles hängt ab von der Liebe*

*Als ich mit meinem Sohn im Garten saß, wie ich eingangs erwähnte, fragte er mich plötzlich: „Mami, und das Böse – wo kommt das Böse her? Wird das Böse auch in mich kommen?" Ist es nicht erstaunlich, daß schon kleine Kinder spüren, wie nahe Freude und Leid beieinander wohnen?*

– Kinder tragen in sich eine Ahnung von allem, was es im Leben gibt, und können es ganz spontan ausdrücken. Vielleicht werden die Kinder von Gott mit sehr viel Klarsicht in die Welt geschickt. Einige können ihren Verstand schon sehr früh gebrauchen, anderen gelingt das nicht. Manchmal möchte man meinen, Kinder könnten den Großen etwas über die Zusammenhänge im Leben sagen, die sie schon längst vergessen haben.

*Um nochmals auf die Frage nach dem Bösen zurückzukommen. Glauben Sie, daß es bereits „böse" Kinder gibt?*

– Denken Sie doch an Neugeborene, die in einer Wiege liegen. Kann man da schon von bösen Wesen sprechen? Es gibt eigentlich auch keine unsympathischen Kinder, für mich jedenfalls nicht. Sicher haben manche schlechte Veranlagungen, die sich mit den Jahren verstärken. Ich bin aber davon überzeugt, daß Kinder, die so abscheuliche Dinge tun, wie andere Kinder umzubringen, von Anfang an eine schreckliche Kindheit gehabt haben.

*Kinder können sich noch darüber wundern, daß ein Baumsamen „weiß", welcher Baum er werden soll. Wie es in einem Vers heißt: „Im Walde jeder einzeln Baum, hat seinen Wuchs, hat seinen Traum." Glauben Sie, daß es auch in einem kleinen Kind ein verborgenes Bild von dem gibt, was es später einmal werden soll?*

– Ich war einmal Kind und hatte keine Ahnung, was aus mir einmal werden würde, ein hoher oder ein niedriger Baum. In keinem Säugling liegt ein Samenkorn, das ihn zu einem lieben oder bösen Menschen macht. Aus manchem wird etwas Gutes, aus manchem wird etwas Schlechtes. Es kann sogar sein, daß ein Baum, der liebevoll umhegt wird, besser gedeiht. Besonders bei Kindern hängt alles von der Liebe ab, die man ihnen gibt. Erst durch die Liebe können sie sich richtig entfalten.

Und wie war es beim Wunderkind Mozart? Was glauben Sie?

*Mozart soll als Kind, über sein musikalisches Talent befragt, geantwortet haben: „Ich bringe die Noten, die sich lieben, zusammen." Er war wohl ein Geschenk vom lieben Gott an die Menschen. Ob ein solches Talent unter ungünstigen Umständen verkümmert wäre?*

– Ich glaube nicht, daß es möglich gewesen wäre, Mozarts Begabung zu unterdrücken. Ob mit einem Vater, der ihn mit aller Gewalt zu einem Wunderkind machen wollte oder nicht. Mozart wäre immer Mozart geworden. Er muß schon mit allen seinen Begabungen auf die Welt gekommen sein.

*Sind Wunderkinder nicht meist Produkte der Erziehung und Wunschbilder der Eltern?*

– Es ist traurig, wenn Eltern unbedingt aus ihrem Kind ein Wunderkind machen wollen. Es wird um seine Kindheit betrogen. Von Mozart würde ich das allerdings nicht sagen. Ich liebe Mozart sehr. Erst gestern habe ich mit einer amerikanischen Klavierlehrerin über ihn gesprochen. Ich war glücklich, als ich hörte, wie sehr sie Mozart verehrt. Übrigens haben wir auch über Gustaf Gründgens gesprochen. Ich habe ihr erzählt, daß ich früher eine sehr schlechte Meinung von ihm gehabt hätte, wegen seiner zwiespältigen Rolle im Dritten Reich. Dann las ich seine Memoiren. Gründgens schrieb darin, jemand habe ihn nach seiner Lieblingsmusik gefragt, und er habe geantwortet: Mozart, Mozart, Mozart. Da dachte ich mir, es gibt doch etwas Gutes in ihm.

*Der Schweizer Theologe Karl Barth glaubte, auch die Engel im Himmel würden Mozart singen ...*

– Das kann wohl sein. Vielleicht ist Mozart etwas so Einmaliges, daß es seine Musik auf Erden und im Himmel und im ganzen Universum gibt. Darüber muß Mozart doch sehr vergnügt sein. Es wäre doch ein schönes Bild, wenn man sich vorstellt, daß die Engel seine Musik hören genau wie wir.

### *Ein ewiger Spielplatz*

*Wie stellen Sie sich eigentlich das Paradies vor? Wird es dort auch eine herrliche Sommerwiese zum Spielen geben?*
– Ja, das glaube ich. Da kommt mir ein Gedicht von Erik Axel Karlfeldt in den Sinn. Es ist eines meiner Lieblingsgedichte. Es handelt von einem Vater, der beobachtet, wie sein ärmlicher und kränklicher unehelicher Sohn, der nichts von ihm weiß, vor einem Zaun steht, hinter dem gesunde und muntere Kinder spielen. Der kleine Bub bittet den vermeindlich Fremden, ihm über den Zaun zu helfen. Doch der Mann streichelt das Kind wortlos und geht seines Weges. Bald darauf stirbt das Kind, und ein tiefer Schmerz zerreißt das Herz des untröstlichen Vaters, der sich mit bitteren Vorwürfen quält.

Hast Du einen Spielplatz, o König
auf Deinen seligen Wiesen,
wo die Blumen mit duftendem Honig
sich für ewig den Kindern verströmen,
dann kommen sie zum Spiele zusammen
auch die Schwachen und Bleichen,
die Du dem Bette der Armut entrissen,
die vor den Gärten auf Erden
draußen stehn und sich sehnen.
Und wenn dann Deine Scharen
ihre kleinen fröhlichen Freunde sehn,

von heiligen Müttern und Jungfraun betreut,
dann laß mich draußen am Zaune stehn
und sei's wie ein Unkraut im Feld,
um mein Söhnlein zu sehn
eine kleine Weile nur, laß mich stehn,
obgleich ich verworfen ward,
um mich über sein Lachen zu freun.

*Vielleicht weckt dieses Gedicht auch die schmerzliche Erinnerung in Ihnen, wie Sie sich als junge und unverheiratete Mutter von ihrem kleinen Sohn trennen mußten?*

– Ich war noch sehr jung, als ich meinen Sohn Lars zur Welt brachte, und sehr arm. Meine Eltern mußten mir oft zu essen schicken. Ich sah mich gezwungen, mich von meinem Sohn zu trennen. Es war sehr schmerzvoll für mich. Ich bin immer eine durch und durch mütterliche Natur gewesen und liebte meinen kleinen Sohn aus ganzem Herzen. Ich habe ihn in Kopenhagen zur Welt gebracht, wo man nicht viele Fragen stellte. Erst als ich nach drei Jahren ein eigenes Zuhause bekam, konnte ich ihn endlich zu mir holen. Anfangs sprach er nur dänisch. Aber nach einigen Wochen bei meinen Eltern plapperte er bald wie ein waschechter Småländer. Mein Sohn hat diese Welt nun wieder verlassen. Er ist mit sechzig Jahren einem Hirntumor erlegen. Gott sei Dank lebt meine Tochter noch, sie ist für mich der allerliebste Mensch auf der Welt.

*Lieben Sie Gedichte?*

– Aber natürlich, die Poesie ist mein halbes Leben. Wir haben wunderbare Gedichte in diesem Land, finde ich. Sie sind vielleicht nicht die besten auf der Welt, und wir haben keinen Goethe hervorgebracht, aber es gibt viele begabte Poeten und unzählige schöne Gedichte in Schweden. Ich selbst habe auch Gedichte und Lieder geschrieben. Einige sind jetzt in dem reizenden Büchlein „Astrid Lindgrens Gedichtebaum" zusammen mit meinen Lieblingsgedichten von Marianne Eriksson verlegt worden.

## Das Leben ist herrlich und schrecklich

Das Leben übersteigt unendlich alle Theorien, die man in bezug auf das Leben zu bilden vermag.

Boris Pasternak

### *Des Kaisers neue Kleider*

*Sind Kinder manchmal wirklich fast schon kleine Philosophen, die über die Geheimnisse der Welt staunen können, wie es der amerikanische Philosophie-Professor Gareth B. Matthews in seinem Buch „Die Philosophie und das kleine Kind" beschreibt?*

– Für Kinder ist alles neu, sie können über die Schönheit des Lebens staunen. Ach, könnten das doch alle Kinder erleben! Es wird aber immer schwerer, sich in der heutigen Welt zurechtzufinden, in der so viele gräßliche Dinge geschehen.

*Und die Politiker, die sich heute so wichtig nehmen ...*

– Ja, die Politiker. Manche von ihnen sind wohl gut und vernünftig. Wenn man ihnen aber von morgens bis abends zuhört, wie sie reden, dann könnte man einschlafen. Ich interessiere mich zwar für Politik, aber das Gerede der Politiker macht mich todmüde. Was sie den Menschen nicht alles einreden wollen!

*Vielleicht fallen Kinder auf so etwas weniger herein. Ich denke da an Andersens Geschichte „Des Kaisers neue Kleider". Jeder tat so, als sähe er das prächtige Gewand des*

*Kaisers, das angeblich von den Gaunern gewebt worden war, um nicht für dumm gehalten zu werden …*
– Nur ein Kind wagte, die Wahrheit auszusprechen, daß der Kaiser überhaupt nichts anhatte. Die Erwachsenen redeten sich mit aller Gewalt ein, sie könnten den schönen Stoff sehen. Das Kind aber ließ sich nicht in die Irre führen. Oft sind Kinder deshalb auch bessere Gesprächspartner. Ich jedenfalls unterhalte mich sehr gerne mit ihnen. Sie sprechen über Dinge, die sie wirklich denken. Man sagt auch, daß Zauberer nicht gerne vor Kindern zaubern, weil die Kinder sehr schnell sehen können, daß das ein Trick ist.

*Können Sie heute noch über sich selbst lachen?*
– Ja, ja, das kann ich. Ich kann mich kaputtlachen. Das liegt wohl bei uns in der Familie. Auch meine Geschwister, besonders mein Bruder Gunnar, haben ihren Humor während ihres ganzen Lebens bewahrt. Als Kinder hatten wir ständig etwas zum Lachen. Noch heute spreche ich mit meinen Schwestern gerne darüber. Wir erinnern uns, was wir damals gesagt haben, und schon müssen wir lachen.

## *Lovis und Mattis, die guten Räubereltern*

*Haben Sie nie gegen Ihre Eltern aufbegehrt? Waren Sie immer brav?*
– Das habe ich wohl getan. Ich war nicht immer ein sehr gutes Kind. Als Vierzehn-, Fünfzehn-, Sechzehnjährige revoltiert man. So war das wohl auch bei mir. Da ist es am besten, wenn die Eltern einen Mittelweg zwischen Strenge und Verständnis finden. Es ist nicht leicht, Vater oder Mutter zu sein. Und dazu geben die Kinderpsychologen den Eltern heute immer wieder neue Ratschläge. Wer soll sich da noch auskennen?

*Solche Probleme haben die Räubereltern Lovis und Mattis wohl nicht. Sie bringen ihrer Tochter Ronja großes Vertrauen entgegen und fordern sie auf, ihre eigenen Erfahrungen zu machen und selbst herauszufinden, wie es sich im „Mattiswald" lebt ...*

– Ja, die beiden Räubersleute waren sehr gute Eltern, und Ronja hat eine wunderbare Kindheit. Das gilt auch für Mattis, der ein liebender Vater ist, auch wenn er Krach schlagen und wütend werden kann. Er war ja so verzweifelt, als seine Tochter nicht mehr da war. Er hat Ronjas Freund Birk geschlagen und gefesselt. Da trifft Ronja ihre Wahl und springt über den Abgrund zu den Räubern auf der anderen Seite. Sie war sehr böse auf ihren Vater. Und Mattis wird ganz verzweifelt und sagt: „Ich habe kein Kind mehr."

*In „Ronja" beschreiben Sie eindrücklich, wie die rauhbeinigen zwölf Räuber und ihr Hauptmann Mattis dahinschmelzen, als sie das winzige Räubermädchen Ronja betrachten. Ronja hält das Räuberherz ihres Vaters Mattis in Händen. Im Grunde ist jedes Kind wie ein Lächeln. Mit den Kindern kommt wohl das Lächeln in die Welt?*

– Es ist gut, daß wir als Kinder und nicht als sechzigjährige sture Beamte geboren werden, die auf ihre Rente warten. Wenn ein kleines Kind lächelt, kann das ansteckend wirken. Auch Menschen mit harten Gesichtern beginnen zu lächeln. Ich hoffe, meine Bücher bringen Kinder und Jugendliche zum Lächeln, die unter schwierigen Umständen aufwachsen müssen, die kaum je Gutes erleben können. Viele Jugendliche sind verunsichert. Es ist traurig, daß schon junge Menschen Selbstmord begehen. Sie haben doch nur ein Leben und sollten es nicht wegwerfen, sondern hoffen, daß sie selbst Kinder bekommen, denen sie eine schöne Kindheit geben können.

*Sicher haben auch Ihre Filme die Jugend sehr beeindruckt. Haben Sie es gerne, wenn Ihre Bücher verfilmt werden?*
– Ja, wenn sie gut verfilmt werden. Besonders „Ronja" oder „Die Brüder Löwenherz". Diese zwei Filme hatten völlig verschiedene Regisseure, die beide nach den Dreharbeiten verstorben sind. Olle Hellborn hat „Die Brüder Löwenherz" verfilmt. Das war sein letzter Film, dann ist er gestorben. Und Tage Danielsons letzter Film war „Ronja, Räubertochter". Auch er ist bald darauf gestorben. Als sich ein anderer Regisseur für einen Film interessierte, sagte ich zu ihm: „Geben Sie acht, Sie sind in Lebensgefahr!"

Ein merkwürdiger Zufall ereignete sich auch bei der Verfilmung der „Brüder Löwenherz". Der Film ist teilweise auf Island gedreht worden. Als die Filmgesellschaft mit ihren Arbeiten begann, kam eine isländische Mutter mit einem Kinderwagen daher. Eine schwedische Frau aus dem Filmteam erkundigte sich nach dem Namen des Kindes. Die Mutter antwortete ihr: „Mein Sohn heißt Tengil!" Wie der böse Herrscher in meiner Geschichte. Da waren die Leute ziemlich erstaunt.

*Mit Tengil haben Sie das Bild von einem unbarmherzigen, absoluten Herrscher gezeichnet, ähnlich wie Hitler?*
– Ja, er trägt wohl einige Züge von Hitler. Ich habe in den dreißiger Jahren die internationale Politik verfolgt. Daher wußte ich schon vor dem Krieg über Hitlers Weg Bescheid. Ach, wie ich diesen Mann aus vollem Herzen gehaßt habe. Auch heute kann ich sehr wütend werden, wenn ich höre, daß es Neonazis gibt, die nun wieder diesen schrecklichen Mann anbeten. Ich habe mir über diese Zeit viele Dokumentarfilme angesehen und Bücher gelesen. Fuchsteufelswild werde ich über Leute, die behaupten, die Vernichtung der Juden hätte gar nicht stattgefunden. Wie kann man nur

so etwas sagen? Heute hat doch wohl jeder die schrecklichen Bilder von den Konzentrationslagern und den Gasöfen gesehen. Als ich 1989 in Polen war, besuchte ich das Konzentrationslager „Majdanek". Das hat mich zutiefst betroffen gemacht.

*Bertrand Russell hat einmal gesagt: „Das Geheimnis des Glücks ist es, der Tatsache ins Angesicht zu sehen, daß die Welt schrecklich ist, dann kann man beginnen sich wieder glücklich zu fühlen."*
– Ich kann mich an zwei Gespräche erinnern. Als ich etwa zwölf Jahre alt war, da sagte ich: „Das Leben ist eine Strafe." Und ein andermal: „Das Leben ist doch nicht so schrecklich, wie es den Anschein hat." Es ist beides. Das Leben ist herrlich und schrecklich zugleich. Ich habe oft in traurigen Momenten meines Lebens zu schreiben begonnen ... In meinem Buch über Mio erzähle ich vom alten Kampf zwischen Gutem und Bösem, zwischen dunklen und hellen Kräften.

## *Das Land der Phantasie*

*Mio ist ein besonders einsames Kind ...*
– Der Mensch ist im Grunde ein einsames Wesen. Kinder leiden natürlich sehr darunter, wenn sie niemanden haben, für den sie wichtig sind und dem sie ihre Gefühle zeigen können. Zu lesen, wie Mio seinen Vater findet, ist sicher beglückend für jedes Kind, besonders wenn es in einer unheilen Welt leben muß. In seiner Vorstellung kann es im „Land in der Ferne" sein, weit weg vom alltäglichen Leben.

*Ich war einmal in einer Ausstellung des belgischen Malers René Margritte. Auf einem Bild schwebte über den Wellen des Meeres ein mächtiger runder Felsen mit einem Mär-*

*chenschloß. Da hörte ich einen Besucher fragen: „Was ist auf dem Bild zu sehen?" Und ein anderer antwortete: „Ich weiß es nicht, ich muß erst im Katalog nachlesen"* ...
– Es ist gut, daß es die Welt der Phantasie gibt mit ihrer befreienden Wirkung. Auch wir Erwachsenen brauchen sie. Aber besonders wichtig ist es, daß Kinder sich ihre eigene Welt schaffen, in die sie sich zurückziehen können. Wenn sie diese Gabe haben, können sie später besser mit den Schwierigkeiten fertigwerden, die auf sie zukommen.

### *Ebenbilder Gottes?*

*Ist die Welt im Laufe Ihres Lebens nicht besser geworden?*
– Die Welt hat sich seit meinen Kindertagen im Pferdezeitalter doch sehr verändert. Soviel ist zerstört worden. Viele Veränderungen sind zu schnell gekommen oder hätten besser gar nicht stattgefunden. Auch in Schweden ist manches unmenschlich geworden. Denken Sie an die Jugendkriminalität, an die Umweltverschmutzung und die Städte voller Autos. Es ist eben eine gespaltene Welt. In einem Teil der Erde müssen Menschen unter schrecklichen Umständen oft große Ungerechtigkeiten erleiden. Da gibt es ja Kinder, die überhaupt keine Kindheit haben, die Sklaven sind.

Die Welt von heute macht mich recht bange. Wenn ich morgens erwache, mache ich mir oft große Sorgen, wenn ich daran denke, was viele Kinder heute zu ertragen haben. Die Vorstellung, daß es Todesschwadronen gibt, die auf die Straßenkinder in Brasilien schießen, oder das traurige Los der Kinder in Ruanda, das kann mich um meinen Schlaf bringen. Die Menschen sind zu so ungeheuerlichen Dingen fähig, daß es mir oft sehr schwer fällt, noch an das Gute im Menschen zu glauben. Wer Kindern ein solches Leid antut, ist bestimmt nicht das Ebenbild Gottes. Vor mehr als zwanzig Jahren habe ich das in Versen auszudrücken versucht, und die Menschen sind seither bestimmt nicht besser geworden.

Wäre ich Gott, dann
würde ich über die Menschen weinen,
die ich geschaffen habe
nach meinem Abbild.
Ich würde weinen über
ihre Bosheit
ihre Gemeinheit
ihre Grausamkeit
ihre Dummheit
über ihre armselige Güte
über ihre hilflose Verzweiflung
und ihre Sorgen.

Und ich würde weinen
weinen über ihrer Herzen Angst
ihre Unrast
ihre Todesfurcht
und ihre öde Einsamkeit
über ihre Schicksale
über ihre erbärmlichen Schicksale
und blindes Suchen nach jemandem ...
vielleicht nach mir!
Und ich würde weinen über die Todesschreie
und alles Blut, das vergebens fließt,
so vergebens
so völlig vergebens
und über den Hunger
und die Hilflosigkeit
und die Not
und all das wahnsinnige Plagen
und die einsamen Tode
und über die Gemarterten

die schreien und schreien
und immer mehr
über die Marterer.

Und dann all die Kinder,
die vielen vielen Kinder,
über die würde ich
am allermeisten weinen.
Ja, wenn ich Gott wäre,
dann würde ich viel über die Kinder weinen,
denn ich hatte mir nicht gedacht,
daß es ihn so ergehen wird.

Ströme, Ströme
würde ich weinen,
so daß sie ertränken in meiner Tränen
gewaltigen Fluten,
über all meine armen Menschen,
daß endlich Ruhe werde!

*Was kann man tun, um all diesen Kindern zu helfen?*
– Ich bin zu alt, um durch mein Schreiben noch etwas für sie tun zu können. Sonst würde ich bestimmt etwas über Flüchtlingskinder in unserem Land verfassen. Die haben wirklich eine ziemlich schreckliche Kindheit. Sie kommen hierher und hoffen, daß sie hier bleiben und ein Zuhause finden werden. Und plötzlich schickt man sie wieder weg. Oft entsteht unter der einheimischen Bevölkerung Haß auf diese fremden Familien, die man nicht in Schweden haben will. Aber irgendwo müssen sie doch bleiben können. Und vor allem soll man sie wie Menschen behandeln. Eine Nichte von mir ist Lehrerin und hat versucht, sich für diese Kinder einzusetzen. Sie empfand großes Mitleid für sie und tat alles, um ihnen zu einem besseren Leben zu verhelfen. Doch es war vergebens, die

Kinder wurden mit ihren Familien schließlich abgeschoben.

Ich würde gerne all den unglücklichen Kindern helfen können. Manchmal habe ich einen Tagtraum, der vor vielen Jahren spielt. Ich stelle mir vor, wie ein einsames Kind von Hof zu Hof wandert und keine Aufnahme findet. Da kommt es weinend und ganz verfroren zu mir. Dann erbarme ich mich seiner. Am Küchenherd erwärme ich einen Kessel mit Wasser, schütte es in einen Zuber, um das Kind darin zu baden. Schließlich ziehe ich ihm warme Kleider an, gebe ihm zu essen und bringe es zu Bett.

## Von Liebe, Tod und Sterben

> O, Herr gib jedem seinen eignen Tod. Das Sterben, das aus jenem Leben geht, darin er Liebe hatte, Sinn und Not.
>
> Rainer Maria Rilke

### *Jetzt sind sie in Nangijala*

*Was schreiben Ihnen Ihre ungezählten kleinen und großen Leser denn so?*

– Die meisten schreiben, was sie von meinen Büchern halten. Sehr häufig treffen Briefe von Erwachsenen ein. Manchmal sind es geradezu Lobeshymnen. Viele lassen mich wissen, ich hätte ihre Kindheit verschönert. In letzter Zeit werden es immer mehr. Man glaubt wohl, meine Tage seien gezählt, und will mir noch die letzte Ehre erweisen. Kinder erzählen, wie sehr sie die Geschichten mögen, und machen dazu Zeichnungen. Heute bekam ich zum Beispiel einen ganz langen Brief. Darin hat ein kleines Mädchen mir mitgeteilt, ihre Mutter sähe mir sehr ähnlich. Ständig würden alle Menschen zu ihr sagen: „Du siehst aber Astrid

Lindgren zum Verwechseln ähnlich." Da habe ich ihr eine Fotografie von mir geschickt und geschrieben, ich hätte gerne ein Bild ihrer Mutter, um zu sehen, ob sie wirklich so wie ich aussieht.

Immer wieder wollen die Kinder von mir wissen, was Pippi gerade macht. Ob es etwas neues von ihr gibt. Manche erkundigen sich nach dem Rezept für die Zimtwecken, die Karlsson vom Dach so gut schmecken. Oder man will herausfinden, wie sein Propeller funktioniert, und eine Gebrauchsanweisung haben. Andere erkundigen sich, wie es den Figuren meiner Geschichten späterhin ergangen ist. Sie stellen mir meist keine philosophischen Fragen. Briefe über die „Brüder Löwenherz" allerdings handeln oft vom Tod. Der Tod von Kindern bewegt alle sehr.

*Ist es nicht merkwürdig, daß Kinder in Konzentrationslagern kurz vor ihrem Tod Bilder mit Schmetterlingen gezeichnet haben sollen? Schon in der Antike war der Schmetterling, der aus der Puppe hervorgeht, ein Sinnbild der unsterblichen Seele, die den Körper im Tode verläßt.*

– Kinder, die dem Tod sehr nahe sind, mögen solche Vorstellungen haben. Es gibt schwerkranke Kinder, deren Eltern mich wissen lassen, daß mein Buch ihrem Kind geholfen hat. Eine Ärztin aus Deutschland, deren Tochter mit neun Jahren an Leukämie gestorben war, schrieb, wieviel dieses Buch ihrem Kind damals gegeben hätte. Als ihre beiden Kaninchen ums Leben kamen, sagte es getröstet: „Die sind jetzt wohl in Nangijala." So war der Verlust ihrer Tierchen kein Grund zum Traurigsein für das kleine Mädchen, denn es war fest davon überzeugt und vertraute darauf, daß das Leben weitergeht.

Eine andere deutsche Ärztin schrieb mir, sie hielte es für falsch, wenn Eltern ihrem sterbenskranken Kind etwas vormachten. Wenn sie ihm zum Beispiel sagten: „Du wirst bald gesund werden und wieder nach Hause kommen", obwohl es ihnen klar sei, daß ihr Kind sterben müsse und auch das Kind selbst es wüßte. Dann würde das Kind sich einsam und mit seinen Ängsten alleingelassen fühlen. Es könnte glauben, seine Eltern wollten nicht mit ihm über den Tod und das Sterben sprechen, weil diese Dinge zu schrecklich seien. Diese Ärztin hat Eltern von sterbenskranken Kindern geraten, die „Brüder Löwenherz" gemeinsam mit ihrem Kind zu lesen. Darin könnten sie Trost und Hilfe finden.

*Ihr Buch hilft also Familien mit schwerkranken Kindern, für das oft unsagbare Leid eine gemeinsame Erfahrung und Sprache zu finden.*

– Ein Kind, dessen Eltern sich aus Angst vor der Unbegreiflichkeit des Todes vor ihm zurückzuziehen beginnen, wird sehr darunter leiden. Auch wenn Eltern noch so verzweifelt sind, sollten sie doch zuerst an ihr Kind denken. Eltern sollen den nahenden Tod ihres Kindes nicht verdrängen, sondern seine Sorgen und Leiden mit ihm teilen.

*Sprechen Sie auch mit Ihren Enkelkindern über solche Dinge?*

– Einer meiner Enkel hatte plötzlich Angst vor dem Tode, ich konnte das spüren. Die Vorstellung, einmal in die dunkle Erde gelegt zu werden, erschreckte ihn. Da las ich ihm aus „Die Brüder Löwenherz" vor. Das hat ihn offenbar beruhigt, dann sagte er: „Wir wissen zwar nicht, wie es dann werden wird, aber vielleicht wird es ja wirklich wie in Nangijala sein."

*Und Sie selbst, haben Sie Angst vor dem Tod?*
– Ich habe nichts dagegen zu sterben, aber nicht gerade heute am Dienstag, den 7. Juni. Vielleicht hätte ich nächste Woche am Freitag Zeit dafür. Es ist wohl traurig, daß von meinen Freunden einer nach dem anderen verschwunden ist. Ich telefoniere jeden Tag mit meinen beiden Schwestern. Jede wohnt an einem anderen Ort. Mit der jüngsten spreche ich morgens und mit der mittleren abends. Bisweilen beginnt das Gespräch, indem wir „Der Tod, der Tod, der Tod" sagen. Es ist beinahe wie eine Beschwörung, die zum Ausdruck bringen soll: „Noch einen Tag länger sind wir dem Tod entkommen, noch sind wir am Leben."

*Ich habe gelesen, Sie hätten in jungen Jahren einmal kurz mit dem Gedanken gespielt, sich das Leben zu nehmen …*
– Ja, das stimmt. Mit achtzehn hatte ich eine lebensmüde Freundin. Sie versuchte mich davon überzeugen, daß es besser sei, nicht mehr weiterzuleben. Bald darauf hatte ich so etwas wie eine Todesahnung und meinte, nun würde ich meine letzten Ferien in Småland erleben. Das war wohl die Stimmung eines Backfisches, aber in Wirklichkeit hätte ich mir nie das Leben nehmen können.

*Glauben Sie an Gott?*
– Oft zweifle ich an meinen eigenen Zweifeln. Ich pflege zu sagen, daß ich an Gott glaube, wenn ich ihn brauche. Aber dann bekomme ich jedesmal sofort ganz aufgeregte Leserbriefe. Ich bin in einem christlichen Haus aufgewachsen und hoffe, wie die meisten Menschen, daß es ein Weiterleben nach dem Tode geben wird. Dann gerät meine Hoffnung wieder ins Wanken. In einer Schilderung des Astronoms Peter Nilsson habe ich gelesen, daß ein Meteor in der Lage sei, die ganze Welt zu vernichten. Da dachte ich mir: Es wäre doch

wirklich ein Jammer, wenn alle die großartigen Dinge, die Menschen geschaffen haben, spurlos verschwänden. Heute schickt man ja Botschaften in den Weltraum, damit sich auch außerhalb unseres Planeten menschliche Spuren finden. Und dann wünsche ich mir besonders, daß es immer jemanden geben wird, der die Musik von Mozart hören kann.

## Bullerbü gehört allen

> Wie schön, eine Wolke zu sein, zu schweben ganz allein
> am blauen Himmel hin, gibt stolzen frohen Sinn.
>
> A. A. Milne, Pu der Bär

*In vielen Ihrer Bücher beschreiben Sie Ihre eigene Kindheit, und auf der ganzen Welt finden sich Leser, die sich nach einer solchen Kindheit sehnen. Verkörpert Ihre glückliche Kinderzeit vielleicht einen universellen Traum?*
– Das kann wohl sein. Als ich ein Kind war, wußte ich natürlich gar nicht, daß meine wunderbare Kindheit etwas Außergewöhnliches war. Ich glaubte, das sei bei allen Kindern so. Ich machte mir nicht viele Gedanken, lebte meist von innen heraus, nach meinen plötzlichen Einfällen. Jedenfalls waren wir allesamt einmal Kinder. Ob jemand später eine Putzfrau wird oder eine Königin, zunächst ist er ein Kind. Manchmal denke ich, die Erinnerung an die Kinderzeit könnte die Menschen dazu bringen, das Gemeinsame am menschlichen Schicksal zu sehen und friedvoller zu werden.

### *Småländische Gestalten*

*Man hat über Sie gesagt, eine Schriftstellerin hätte sich keine günstigere Umgebung, kein besseres Elternhaus aussuchen können …*

– Ich hatte schon Glück, solche Eltern zu haben, sonst hätte ich vielleicht keine einzige Kindergeschichte schreiben können. Sie waren gute Menschen. Mutter kam aus einem sehr religiösen Haus. Sie war ziemlich streng mit uns. Mein Vater war ein liebenswerter Mensch mit einer humoristischen Ader. Er war ein begnadeter Erzähler, der herrliche Geschichten, besonders aus seiner Kindheit, zum besten gab. Sein Humor war unübertroffen.

Die Gestalten meiner Bücher sind alle småländisch – aus der Zeit, als ich selbst ein Kind war. Obwohl sie vielen Menschen ähneln, die mir begegnet sind, hat es doch keinen von ihnen wirklich gegeben. Ich kann mich noch genau an die Zeit erinnern, als ich ein kleines småländisches Mädchen war. Ja, ich spüre noch, wie ich als Kind empfunden habe. Ich rieche noch die Düfte, die ich damals aufgesogen habe.

*Gibt es in ihrer Familie noch andere Schriftsteller?*

– Mein Bruder, meine beiden Schwestern und ich, wir haben alle geschrieben und gedichtet. Eine meiner Schwestern hat ein Buch über die Märchendichterin Anna Maria Roos geschrieben. Mein Bruder war Politiker. Er hat politische Satiren über Politiker verfaßt, die sehr lustig waren. Er zeichnete ein amüsantes Bild vom Schweden Mitte der fünfziger bis Anfang der siebziger Jahre. Meine Mutter hat Gedichte verfaßt, als sie jung war. In ihrer Familie gab es verschiedene Schriftsteller. Sie hatte zwei Brüder, die häufig Geschichten aufschrieben, die sich in ihrer Umgebung ereigneten. Alle gingen gerne mit dem Wort um. Und außerdem bin ich über meine Großmutter Ida Ingström mit dem populären Dichter Albert Engström verwandt. Für mich jedenfalls war die Schriftstellerei ein ausgezeichneter Beruf. Ich hätte in meinem Leben nichts anderes werden wollen.

*Hat man sich in Ihrer Kindheit viele Geschichten erzählt?*
– Ja, mein Vater hat sehr viel erzählt oder vorgelesen. Er las aber nur aus Büchern, die er vom Pfarrer zu Weihnachten bekommen hatte, keine anderen. Mein Vater hat sich keine Märchen oder Erzählungen ausgedacht, sondern fast alles, was er wirklich erlebt hat, in eine lustige Geschichte verwandelt. Er liebte die Situationskomik. Er konnte wunderbar beobachten. Immer wieder brachte er uns mit seinen Erzählungen zum Lachen über etwas, was die Leute wieder Komisches gesagt und getan hätten. Da ging es lustig zu, das dürfen Sie mir glauben.

*Erinnern Sie sich noch an Bücher, aus denen Ihr Vater vorgelesen hat?*
– Er hat zum Beispiel aus Knut Hamsuns „Neue Erde" vorgelesen. Knut Hamsun hat mir auch später sehr viel gegeben, nicht zuletzt durch seinen unglaublichen Witz. Es hat mich zum Beispiel sehr amüsiert, wie er ein so groteskes und lustiges Buch über den Hunger schreiben konnte. Als ich „Hunger" las, saß ich gerade auf einer Bank und mußte mir vor lauter Lachen das Buch vors Gesicht halten, sonst hätten die Leute wohl gedacht, ich sei völlig übergeschnappt. Da findet sich auch die Stelle von J. A. Happolati, dem Mann, der das elektrische Psalmenbuch erfunden hat. Da wäre ich vor Lachen beinahe geplatzt. Wenn Knut Hamsun nicht das Blaue vom Himmel heruntergelogen hätte über seinen Happolati, wäre aus meiner Pippi vielleicht nie eine so großartige Lügnerin geworden. Hamsun wurde am Ende seines Lebens ja politisch verfemt, aber ich werde nie und nimmer glauben, daß er ein Nazi war.

*Wie ist „Michel von Lönneberga“ entstanden?*
– Ja, wie ist er entstanden und wie kommt der Hecht aus dem Fischkasten? Man fragt mich oft, woher meine Einfälle stammen. Dann sage ich, es sei mir selbst ein Rätsel, wie man mit so vielen verrückten Einfällen leben kann. Bei Michel aus Lönneberga begann es damit, daß mein Enkel Karl Johan, Karins Sohn – für die ich mir Pippi ausgedacht hatte – manchmal rasende Wutanfälle bekam. Er machte sich Luft, indem er zornig herumschrie. Als ich das hörte, sagte ich, in der Hoffnung ihn zu besänftigen: „Weißt Du, was Michel aus Lönneberga angestellt hat?“ Da wurde er sofort mucksmäuschenstill und wollte hören, was Michel alles getan hatte. Als er wieder einen Anfall bekam, fragte ich: „Was hat Michel diesmal wohl wieder ausgefressen?“ Da wurde er so neugierig, daß er zu schreien vergaß. Doch ein drittes Mal hat es nicht geklappt. Als ich wieder mit Michel anfangen wollte, schrie er wütend: „Nein, nein!“ Offensichtlich wollte er sich zuerst gründlich austoben, bevor er bereit war, meiner Geschichte zuzuhören.

*Ist in die Erzählungen von „Michel aus Lönneberga“ auch einiges von den Geschichten Ihres Vaters eingeflossen?*
– Einen Teil seiner Anekdoten habe ich für meine Michel-Geschichten stibitzt. Zum Beispiel die Versteigerungen in Vimmerby, denen wir immer mit großen Erwartungen entgegensahen. Schon morgens beim Erwachen konnte man in der Ferne das Brüllen der Stiere hören. Bauern und Händler mit ihrem Vieh drängten in die kleine Stadt. Es gab darunter viele Roßtäuscher, die stets darauf aus waren, jemanden übers Ohr zu hauen.

Ich erinnere mich, daß man einem armen Bauern eine ausgediente Mähre angedreht hatte, die zuvor durch eine Prise Arsen zum Leben erweckt worden war. Als er das Tier kaufte, gebärdete es sich wie der wildeste Gaul. Wie groß war das Erstaunen des neuen Besitzers, als er das Pferd am nächsten Morgen wie eine tote Fliege im Stall liegen sah. Der Zufall wollte es, daß der neue Pferdebesitzer am nächsten Tag bei seinem Gang in die Stadt auf den Roßtäuscher stieß. Der Betrüger wollte sich rasch verdrücken, doch der Bauer stellte ihn zur Rede. Als der Viehhändler ihn nach dem Befinden des Pferdes fragte, erwiderte er: „Danke für die Nachfrage, nun kann es jeden Tag schon für eine kurze Weile aufrecht im Bett sitzen."

*Stimmt es, daß der „Michel" Ihre Lieblingsfigur ist?*
– Am liebsten mochte ich meistens die Figur, an der ich gerade arbeitete. Aber ich muß gestehen, daß mit den Jahren „Michel" zum Favoriten geworden ist, weil er meine Kindheit am besten verkörpert. In ihm steckt, wie gesagt, sehr viel von meinem Vater. Mein Vater war so voller Lebensfreude. Er ging manchmal in die Natur und jubelte, einfach so.

*Ihre Beschreibung von Bullerbü wurde über alle nationalen Schranken hinweg zum Inbild der Kindheit schlechthin.*
– Das kann man wohl sagen. Viele Kinder aus der ganzen Welt schreiben mir, daß sie von Bullerbü träumen. In einem Brief von einem kleinen Mädchen stand: „Sag mir, wo Bullerbü liegt. Wenn ich nicht dort sein kann, muß ich vor Sehnsucht sterben." Als Kind wußte, wie gesagt, gar nicht, was für eine wunderbare Kindheit ich hatte. Alles war ganz selbstverständlich. Was geschah, das geschah. Ich habe keine großen Pläne gemacht, was werden sollte. Wir wußten aber auch genau, was wir durften und was nicht. Meine Mutter hat uns das von Anfang an beigebracht. Kinder wollen, daß man ihnen Grenzen setzt. Im übrigen waren wir frei und unbeschwert und konnten auf dem wunderbaren Spielplatz in Näs herumtollen. Ich habe das schon oft wie-

derholt … Wir spielten immerzu, so ist es geradezu ein Wunder, daß wir uns nicht totgespielt haben.

## Zwischen Geborgenheit und Freiheit

Wie ich es den Menschen überall auf der Erde immer wieder sagen möchte, beginnt der Weltfrieden in einem friedvollen Herzen.

Dalai Lama

### *Breit aus die weiten Schwingen*

*Was war das Besondere an Ihrer Kindheit?*
– Heute glaube ich, daß zwei Dinge unsere Kindheit zu dem gemacht haben, was sie war: Geborgenheit und Freiheit. Wir fühlten uns bei den Eltern geborgen. Sie waren für uns Kinder Vorbilder. Wir mußten gar nicht darüber nachdenken. Das war einfach so. Vielleicht waren früher überhaupt viele Dinge selbstverständlicher. Jetzt muß man über so vieles nachdenken, was früher gegeben war.

*Ihre Eltern Samuel August und Hanna waren sich ein Leben lang sehr zugetan …*
– Die Eltern haben uns Kinder spüren lassen, wie sehr sie einander mochten, und das tat uns gut. So erlebten wir früh im Leben Zärtlichkeit auf natürliche Weise. Ich entsinne mich, als beide schon über achtzig waren, da nahm mein Vater die Hand meiner Mutter und sagte zärtlich: „Meine kleine Innigstgeliebte, hier sitzen wir beide, schauen umher und haben es schön." Das Wissen darum, wie sehr sie einander zugetan waren, gab uns Vertrauen. Ich habe immer gern gesungen und auch getanzt. Meine Mutter war ein religiöser Mensch. Sie brachte uns auch das Singen bei. Jeden

Abend hat sie uns versammelt. Dann haben wir meist dieses Lied von Lina Sandell-Berg gesungen.

(Astrid Lindgren schließt die Augen und singt aus vollem Hals die Abendweise ihrer Kindertage)

Breit aus die weiten Schwingen
O, Jesus über mir.
Und laß mich stille werden
in Weh und Wohl bei Dir.

Werd Du mein Ruh und Stärke
mein Weisheit und mein Rat.
Laß mich all meine Tage,
leben aus Deiner Gnad.

Verzeih mir alle Sünden,
wasch mich mit Deinem Blut.
Laß heiligen Sinn mich finden,
mach meinen Willen gut.

Nimm uns in Deine Hege,
daß allen Groß und Klein,
mög friedvoll Ruhe sein.

*Der Tod Ihrer Mutter muß für Ihren Vater sehr schmerzlich gewesen sein ...*

– Mein Vater hat meine Mutter sehr, sehr geliebt. Sie war neun Jahre alt, als er damit anfing. Als meine Mutter im Jahr 1961 starb, sah ich meinen Vater zum erstenmal weinen. Er stand am offenen Sarg, nahm ihre Hände, wie er es stets tat, und sagte: „Deine lieben Hände, die ich so oft erwärmt habe." Dann brach er zusammen. Aber trotz allem war mein Vater auch dann voller Zuversicht. Er war felsenfest überzeugt, seine Frau Hanna einmal wiederzusehen, und sagte: „Einige gehen vorher und einige kommen nachher. Das müssen wir aushalten." Er war sehr traurig, weil meine Mutter gestorben war, aber es konnte ihm nicht die Lebenslust nehmen. Die letzten Worte, die er zu mir sagte, lauteten: „Du liebes Kind, solch eine Mutter hast Du gehabt."

### *Zwischen Arbeit und Spiel*

*Neben dem Spiel sind Sie als Kind aber auch zur Arbeit angehalten worden?*

– Es war sicher nützlich, daß wir schon früh zu arbeiten lernten. Wir haben im Haus mitgeholfen. Wenn ich beim Spülen in Träumereien versank, sagte meine Mutter: „Mach weiter, nur nicht aufhören." Später habe ich diese Worte oft zu mir selbst gesagt, wenn ich mich vor einer langweiligen Arbeit drücken wollte. Auf diese Weise konnte ich, ohne zu jammern, mit jeder noch so eintönigen Arbeit fertig werden. Sogar am Morgen meiner Konfirmation mußte ich noch Roggen einsammeln. Da meinte die Frau des Küsters, das ginge doch wohl ein wenig weit. Meine Arbeit als Kind hat mich abgehärtet und ausdauernd gemacht.

Alle Kinder sollten wie ich sagen können: Gute Eltern, die ihr uns das richtige Maß zwischen Geborgenheit und Freiheit gegeben habt. Sie haben meine Geschwister und mich in Frieden spielen lassen. Aber sie haben uns auch Grenzen gesetzt und zur Arbeit angehalten. Das war alles sehr ausgewogen, auch wenn ich als Kind die Arbeit nicht für unbedingt nötig hielt. Doch ich finde es gut für Kinder, wenn sie lernen mitzuarbeiten.

*Können Sie sich noch an die Weihnachtsfeste von damals erinnern?*

– Zu Hause auf Näs wurde bis zum letzten Augenblick das ganze Haus bis in die hintersten Winkel und Ecken geputzt

Ich war immer ein wenig beunruhigt, ob alles noch rechtzeitig fertig würde. Und dann erinnere ich mich an das Gefühl der Erleichterung, wenn ich am Weihnachtsmorgen in die Küche kam und alles im Glanz erstrahlte. Neue Teppiche waren aufgelegt und auch ein schönes Weihnachtstischtuch. Wir aßen beim Schein der Kerzen, zusammen mit den Mägden und Knechten – wie sie damals hießen. Und dann wartete man gespannt auf die Bescherung. Der Vater las feierlich und monoton das Weihnachtsevangelium vor. Das laute und feierliche Vorlesen zählte nicht zu seinen Stärken. Die ganze große Familie war beisammen, verschiedene Generationen, Kinder, Enkel und Urenkel. Auf der Heimfahrt vom Weihnachtsessen bei Verwandten saßen wir eng aneinandergepreßt im Pferdeschlitten und haben gesungen. Unsere Feste zu Weihnachten oder Ostern haben wir als etwas ganz Besonderes empfunden. Bis vor einigen Jahren habe ich zum Weihnachtsessen in meiner Wohnung eingeladen. Jetzt bin ich zu alt geworden, nun müssen mich die anderen einladen.

*Solche großen Familienfeste sind heute in Schweden wohl seltener geworden?*
– Wir hatten ja kaum irgendeine Ablenkung, kein Fernsehen oder ähnliche Dinge. Heute ist ständig etwas los, da haben diese Festtage von ihrem Glanz verloren. Wir besuchten einander und feierten viele fröhliche und ausgelassene Familienfeste. Besonders lustig war es mit unseren zahllosen Kusinen und Vettern, mit denen wir herumtobten. Meine Großmutter hatte neunzehn Enkelkinder, da können Sie sich denken, was los war, wenn die alle aufeinandertrafen. Bei so einem småländischen Festschmaus sind alle, Erwachsene und Kinder, an einer Riesentafel gesessen. Sonst haben wir immer einfach gegessen, aber bei solchen Feiern wurde reichlich aus Küche und Keller aufgetischt.

Seither hat sich alles unglaublich verändert. Autos gab es zwar schon, aber noch kein Radio. Wenn wir zur Großmutter kutschierten und einem Auto begegneten, hielt der Vater an: Er befürchtete wohl, das Pferd würde vor diesem Ungeheuer scheuen.

*Keine Gewalt gegen Kinder*

*Welche Erinnerungen verbinden Sie mit Ihrer Schulzeit?*
– Manche Lehrer waren ungerecht. Ich kann mich erinnern, wie eine kleine Mitschülerin wegen eines Diebstahls vor der versammelten Klasse Prügel bekam. Als ich mir das ansehen mußte, war ich ganz verzweifelt. Es ist schrecklich, wenn Kinder geschlagen werden. Auch heute noch gibt es so viel Gewalt gegenüber Kindern.

*Bestanden damals in Ihrer Schule große Unterschiede zwischen wohlhabenden und armen Kindern?*
– Oh ja, natürlich. Man spürte, daß es verschiedene Schichten gab. Die Kinder in der Kleinstadt Vimmerby waren anders als die Landkinder. Dort fand ich auch meine beste Freundin Anne-Marie, die später Madita wurde. Ihr Vater war Bankdirektor. Das war wohl feiner, als einen Bauernvater zu haben. Aber mir gefiel mein Vater auch so. Kinder merkten damals ziemlich schnell, daß es verschiedene Klassen gab. Wenn wir spielten, war das nicht wichtig. Da kommt es auf ganz andere Dinge an. Ein armes Kind kann vielleicht sehr schnell laufen oder die besten Geschichten erzählen, und dann ist es bei den anderen sehr angesehen. Oft haben Kinder, gerade weil sie einen schwierigen Start ins Leben hatten, einen ausgeprägten Drang, es im Leben sehr weit zu bringen.

*Sie haben sich ihr Leben lang gerne für benachteiligte Leute eingesetzt?*

– Besonders für die sogenannten kleinen Leute. Wenn ich mein Leben nochmals beginnen könnte, würde ich vielleicht eine eifrige kleine Kämpferin der Arbeiterbewegung. In meiner Jugend auf dem Lande machten wir uns nicht so große Gedanken über die Politik. Später wurde mein Bruder Gunnar Politiker, und wir diskutierten viel. Mein Interesse wurde geweckt, als ich mit den Pionieren der Arbeiterbewegung bekannt wurde. Jemand, den ich sehr bewundere, ist Rosa Luxemburg. In den letzten Jahren kämpfte ich sicher mehr für die Umwelt und den Tierschutz als die Sozialdemokraten.

## Alles hat seine Zeit

„Je langsamer, desto schneller", war die Antwort der Schildkröte Kassiopea.

Michael Ende, Momo

### *Meiner Kindheit blaue Wasser*

*Als ich ein Kind war, schienen die Sommerferien fast endlos zu sein. Heutigen Kindern verfliegt diese kostbare Zeit im Nu. Warum hat sich selbst bei Kindern das Zeitgefühl so verändert?*

– Wir hatten viel, viel Zeit, aber das hat sich alles verändert. Ich erinnere mich an ein sehr schönes Gedicht von Fanny Alving. Sie denkt daran zurück, wie intensiv sie in jungen Jahren alles empfunden hat.

Meiner Kindheit blaue Wasser
Meiner Kindheit grüne Hage
Meiner Kindheit rote Häuschen
Meiner Kindheit lange Tage.

Und dann beschreibt Fanny Alving, wie sich in ihrem späteren Leben die Eindrücke verändert haben, auch ihr Zeitempfinden.

So bleich mein Wasser
So still meine Hage
So grau mein kleines Häuschen
So kurz meine Tage.

*Eine Stunde dauert immer sechzig Minuten, und doch verkürzt sich mit dem Älterwerden scheinbar die Zeit ...*
– Warum ist das so? Sie können sich kaum vorstellen, wie es ist, wenn man so alt wird wie ich. Niemand weiß, was Zeit wirklich ist. Oft habe ich das Gefühl, etwas, das gerade gestern geschehen ist, müßte eigentlich schon vierzehn Tage zurückliegen.

*Immer wenn ich über den Begriff „Zeit" nachdenke, kommen mir die Worte des Prediger Kohelet aus der Bibel in den Sinn: „Alles hat seine Stunde und eine Zeit." Sie wecken in mir ein Glücksempfinden, denn hier scheint allen Phasen des Lebens eine unsichtbare Ordnung innezuwohnen.*
– Es tut gut, wenn man daran glauben kann, daß alles seine Zeit hat. Besonders in traurigen Zeiten, denn dann weiß man, daß sie wieder vorbeigehen werden. Auch Glücklichsein hat seine Zeit. Wie lebten in Småland früher ganz im Rhythmus der Jahreszeiten und waren voller Freude, wenn es Sommer wurde und die Kirschenzeit begann.

### *Der Kalendermacher*

*Kirschen hatten damals wohl einen anderen Wert als heute, wo man sie, wie viele andere Früchte, fast das ganze Jahr über kaufen kann?*
– Jetzt finden sich hier so viele Früchte, von denen ich in früheren Tagen kaum wußte, daß sie existierten. Man kann

sich das alles jetzt zu jeder Jahreszeit kaufen, aber die Freude über die Einmaligkeit geht oft dabei verloren. Viele Menschen rasen ständig herum, von Ort zu Ort, und langweilen sich doch dabei. Mir kommt es oft vor, als sei die Zeit aus den Fugen geraten.

*Ihre Pippi hatte da eine Lösung. Sie hat den Kalender zum Kalendermacher gebracht, damit er ihn wieder richtig einstellt ...*
– ... das war eine gute Idee.

*Bereits kleine Kinder haben heute schon regelrechte „Terminkalender", wie Geschäftsleute. Sie werden vom Mal- zum Klavier-, zum Tanz- und schließlich zum Reitunterricht gebracht. Werden sie auf diese Weise wirklich gefördert?*
– Ich frage mich, wie soll sich da die kindliche Phantasie entwickeln können? Es ist doch wohl nicht lustig für ein Kind, wenn seine ganze Zeit in einem Buch festgelegt ist, wenn es ständig unter Druck steht und gesagt bekommt, jetzt mußt du dies und als Nächstes jenes tun.

*Oft leben Erwachsene nicht in der Gegenwart und meinen, das eigentliche Leben komme irgendwann später ...*
– ... Und dann ist es schon gekommen, und sie haben es gar nicht bemerkt.

*Wir stehen an der Schwelle zu einem neuen Jahrtausend. Blicken Sie mit Zuversicht in die Zukunft?*
– An die zukünftige Welt möchte ich am liebsten gar nicht denken. Manchmal frage ich mich bange, wie meine Enkel und Urenkel mit dieser Welt zurechtkommen werden. Aber sie haben alle ein glückliches Zuhause. Da wird es schon gut gehen. Und man soll die Hoffnung nie aufgeben, daß plötzlich ein Wunder geschieht und die Menschen doch noch aufhören, sich gegenseitig totzuschlagen. Dann werden, wie es in der Bibel steht, ein neuer Himmel und eine

neue Erde entstehen. Ich werde dann auf irgendeiner Wolke sitzen, herunterschauen und mich darüber freuen.

### *Ein ander Land*

*Es gibt eine Zeit fürs „Geborenwerden und eine Zeit fürs Pflanzen und eine Zeit, das Gepflanzte auszureißen", meint Kohelet. Gibt es einen Lebenskreis, in dem sich der Anfang des Lebens und das Ende einander nähern? Bestehen Ähnlichkeiten zwischen dem Alter und der Kindheit?*
– Hoffentlich nicht. Die Kindheit sollte doch eine ganz unbeschwerte Zeit sein. Die meisten Alten haben es so schwierig, daß ich nicht glauben kann, daß diese Zeit Ähnlichkeiten mit der Kindheit hat. Es ist nicht so wunderbar, alt zu werden. Ich denke nicht so sehr an mich selbst, wenn ich das sage, sondern an die vielen einsamen Alten, die zu Pflegefällen geworden sind.

*Als Kind stand mir meine alte Großmutter sehr nahe. Sie ist für mich ein Vorbild geblieben, wie man das Altern meistern kann. Daher scheint es mir wichtig für Kinder zu erleben, daß man auch im Alter ein glücklicher Mensch bleiben kann.*
– Es ist für Kinder sicher wertvoll, einen liebevollen alten Menschen in ihrer Nähe zu haben. Der Erfahrungsaustausch zwischen den Generationen ist die beste Lebensschule. Früher hatten es alte Menschen nur gut, wenn sie in den Familien blieben. Schwer hatten es die Armen, die man in ein Heim steckte. Ich habe das Leben im Armenhaus in meinen Geschichten von „Michel aus Lönneberga" beschrieben. Wie es Kinder gibt, die Eltern haben, die sich nicht um sie kümmern, so gibt es viele alte Menschen, die von ihren Kindern vernachlässigt werden. So ist es eben. Und dann gibt es Dinge, die das Alter schrecklich machen

können. Leider müssen viele Menschen einen schlimmen letzten Lebensabschnitt durchmachen, an Alzheimer oder anderen Krankheiten leiden. Ein Pflegefall im Altersheim zu werden, ist für mich eine wahre Schreckensvision. Ich würde um vieles lieber tot sein, als wie ein Paket herumliegen zu müssen. Wie fern scheint dann das Land der Kindheit entschwunden, wie es im Gedicht „Das entschwundene Land" von Alf Henrikson heißt …

Wo haust der Wachtelkönig jetzt,
wo zottelt das Ochsengespann,
in geduldiger Runde mit knarrendem Holz
das Korn zu dreschen?
Seidenweich lag Staub auf der Straße
unter dem Fuß des Kindes,
und noch kein Mehltau ward auf den Stachelbeeren,
lauerte noch jenseits weitgestreckter Meere.
Wo ist das verschlossene Gatter
auf der Kuppe des Hügels,
Lehmspuren vom eisenbehauenen Kutschengespann,
wo die vielen Männer im Arbeitsgewand
an des Bethauses Ecke am Abend,
das Klappern der Schlegel am eiskalten Waschsteg?
Ein ander Land kam hervor mit milderen Wintern
und blasseren Sommern und kürzeren Wegen und Tagen
der dichte Fichtenwald, der die Wiese der Kindheit beschattet,
wohin sich nie ein Wanderer von asphaltenen Wegen verirrt
über die Katzenpfötchen des Junis,
über des Julis gemähtes Gras.
Und uralt sitzt dort der Schutzmann,
der die Raufbolde auseinandertrieb,
und belächelt seine Pickelhaube.

## Geld regiert die ganze Welt

Wie besessen legte er Säcke voll Gold und Edelsteine am Eingang bereit, schleppte ganze Truhen herbei, Lampen, kostbare Stoffe. In seiner Gier und Besessenheit vergaß er die ganze Welt um sich, raffte und raffte.

Ali Baba und die 40 Räuber

*Werden die Kinderspiele verschwinden?*

*Sind die Menschen mit dem Wohlstand glücklicher geworden?*
– Man kann das unmöglich von „den" Menschen sagen. Manche Menschen sind glücklich und andere unglücklich. Die Menschen sind eben sehr unterschiedlich. Natürlich, die Lebensbedingungen haben sich verbessert. In meiner Jugend gab es in Schweden noch sehr arme Menschen. Aber sind die Kinder heute glücklicher, nur weil die Eltern ihnen ausgeklügelte Spielsachen schenken? Manche Eltern sind zufrieden, wenn ihre Kinder vor dem Fernseher sitzen und sie in Ruhe lassen. Sie glauben, dann haben sie genug für ihr Kind getan. Oft aber langweilen sich gerade Kinder, die zuviel Spielzeug besitzen. Viele Eltern verstehen leider nicht, daß ihr Kind glücklicher wäre, wenn es mehr aus seiner eigenen Vorstellungskraft schöpfen könnte.

*Und die Videospiele?*
– Dadurch wird den Kindern viel genommen. Die Bilder und Geschichten, die sich die Kinder selbst ausdenken, sind viel schöner als alles, was sie am Bildschirm erleben können. Ich glaube, es schadet den Kindern nur, wenn sie immerzu dasitzen, statt sich eigene Spiele auszudenken. Das stumpft sicher ab. Die Wahrheit ist, das die Geschäftsleute mit all den Videospielen viel Geld auf Kosten der Kinder

machen. Für mich war früher das Lesen das allergrößte Abenteuer.

*Der amerikanische Soziologe Neil Postman befürchtet in seinem Buch „Das Verschwinden der Kindheit", daß Kinderspiele wie Sackhüpfen, Verstecken oder Blindekuh bald ganz aussterben.*

– Das wäre schrecklich. Wenn ich zurückdenke, wie wir spielen konnten, auf den Dachböden und den Wiesen. Ich habe davon viel in meinen Geschichten erzählt. Oft haben wir Erzählungen aus Büchern nachgespielt. Ein beliebtes Spiel war „Nicht auf den Fußboden treten". Man mußte durch das ganze Zimmer klettern, durfte aber nie den Fußboden berühren, nicht einmal mit der kleinen Zehe. Und dann spielten wir noch „Kickse-kickse-hu", bei dem wir wild durchs Haus rannten. Ich kann die vielen ausgelassenen Spiele kaum aufzählen, die uns ständig in den Sinn kamen, und kann mir auch nicht vorstellen, daß Kinder jemals aufhören werden, neue auszuhecken.

## *Geld interessiert mich nicht*

*„Nach Golde drängt, am Golde hängt doch alles." Dieser Spruch aus Goethes „Faust" scheint sich mehr denn je zu bewahrheiten. Alles dreht sich nur noch um Geld. Sie aber haben sich nie viel aus dem Geldverdienen gemacht.*

– Nein, aufrichtig gesagt, mir hat nie etwas daran gelegen, ein Vermögen anzuhäufen. Ich finde Geld uninteressant. Heute kommt es zu mir, ob ich will oder nicht, wie von selbst, ohne daß ich mich darum besonders bemühe. Meistens verschenke ich es gleich wieder. Im nächsten Augenblick ist schon vergessen, daß ich es weggeben habe. Es bieten sich ja so viele Gelegenheiten zu helfen, alle möglichen Dinge kann man tun, sei es für die Kinder, sei es für die Tiere. Niemand zwingt einen, Geld zu behalten. Und ich hänge überhaupt nicht daran. Meine Sekretärin kümmert sich um meine Buchrechte, und sie ist eine gute Verwalterin. Ich kann dem Verleger doch nicht sagen: „Nein, ich habe keine Lust, noch mehr zu verdienen."

*Und Sie wollten wohl auch niemals Pippi, Karlsson oder Michel vermarkten wie Disney-Figuren.*

– Wenn ich da nachgegeben hätte, was für ein Elend wäre das geworden. Die Kinder werden ohnehin schon genügend ausgenützt. Es gibt ein Pippi-Puzzle und ein Pippi-Handtuch. Da beides von guter Qualität ist, habe ich nichts dagegen. Nachdem Pippi in Film und Fernsehen gezeigt wurde, habe ich viele sehr merkwürdige Angebote bekommen. Ich war gezwungen, mich ständig mit meinem Anwalt zu beraten, bis ich die Nase wirklich voll hatte. Wie habe ich darum kämpfen müssen, um unbehelligt von diesem Rummel meine Bücher schreiben zu können. Die Versuchung, Geld zu verdienen, läßt mich wirklich kalt.

*Das erinnert mich an die Geschichte von einem kleinen Jungen, dem jemand ein Geldstück geben wollte und der das Geschenk mit den Worten ablehnte: „Danke, ich brauche es nicht, ich besitze bereits ein Geldstück."*

– Ja, das ist schön. So etwas sollten auch Erwachsenen sagen können: „Ich besitze bereits genug Geld und will nicht noch mehr haben." Statt dessen arbeiten sie wie wahnsinnig, um immer mehr zu ergattern. Ob sie so auch innerlich „reicher" werden? Ich glaube es kaum. Die Leute aber können nur mehr an Geld denken und an nichts anderes. Sie sind in das Geld richtig verliebt, ihr Herz klebt daran. Menschlich aber werden sie oft ärmer. Das ist schon tragisch.

*Dazu kommt dann noch der Neid. Die Werbung nützt das ja weidlich aus. Kinder sollen haben wollen, was sie bei anderen sehen.*

– Ja, das ist wohl der allerdümmste Grund, um sich immer mehr zu kaufen. Auf diese Weise wird man nie zufrieden. Ständig finden sich neue Anlässe, andere zu beneiden und nachzuahmen. Irgend jemand ist immer schöner als ich, reicher als ich, klüger als ich. Sich immer mit anderen zu vergleichen, das macht den Menschen nicht glücklich. An so etwas haben wir zu Hause natürlich nie gedacht. Alle mußten hart arbeiten, um zu überleben.

*Michel aus Lönneberga hatte ein gesundes Verhältnis zum Geld. Er verdiente sich etwas, kaufte dafür Sachen und verkaufte sie wieder …*

Ja, er sagt ja auch, als ihm sein Vater verbieten will, sich von seinem selbstverdienten Geld Limonade zu kaufen: „Wenn ich kein Geld habe, dann kann ich keine Limonade trinken, und wenn ich Geld habe, dann darf ich keine Limonade trinken. Wann um Himmelswillen soll ich dann Limonade trinken?" Es hat aber auch merkwürdige Kritiker gegeben, die meinten, mein Michel aus Lönneberga sei ein waschechter Kapitalist.

## Pippi hat Macht und mißbraucht sie nicht

„Und die Sterne gehorchen Euch?" „Gewiß", sagte der König. „Sie gehorchen aufs Wort. Ich dulde keinen Ungehorsam." Solche Macht verwunderte den kleinen Prinzen sehr. Wenn er sie selbst gehabt hätte, wäre es ihm möglich gewesen, nicht dreiundvierzig, sondern zweiundsiebzig oder sogar hundert oder selbst zweihundert

Sonnenuntergängen an ein und demselben Tag beizuwohnen, ohne daß er seinen Sessel hätte rücken müssen.

Antoine de Saint-Exupéry, Der Kleine Prinz

## *Wovon Kinder träumen*

*Pippi, das rothaarige Mädchen mit den verschiedenen Strümpfen, einem geringelten und einem einfarbigen, lebt allein mit seinem Affen, Herrn Nilsson, in der Villa Kunterbunt. Dieser kleine Übermensch, der so stark ist, daß er ein Pferd hochheben kann, hat die Welt erobert. Die Geschichte ist in unzählige Sprachen, selbst seltene Dialekte übersetzt und auch verfilmt worden. Wie ist diese Gestalt entstanden?*

– Es hat alles mit einem Namen begonnen. Ich glaube, es war im Jahr 1941, da sagte meine Tochter Karin: „Erzähl mir von Pippi Langstrumpf." Sie hatte den Namen im selben Augenblick erfunden. Ich habe nicht gefragt: „Wer ist diese Pippi Langstrumpf", sondern fing auf der Stelle an, von einem Mädchen zu erzählen, zu dem dieser ungewöhnliche Name paßte. Dieses Mädchen beflügelte sofort meine Phantasie, und ich ließ Pippi von Anfang an sehr stark, außerordentlich stark werden. Sie wurde die Stärkste in der Welt. Als Karins Schulkameraden zu Besuch kamen, weil sie mit einer Lungenentzündung krank im Bett lag, wollten sie nichts anderes als Geschichten von Pippi hören.

Ich hatte mich zunächst gewundert, warum die kleinen Mädchen ausgerechnet von dieser Gestalt so angezogen waren. Es lag sicher daran, daß hier nicht ein Junge, wie gewöhnlich, sondern ein Mädchen so mächtig war. Das war es, was meine Tochter und ihre Freundinnen faszinierte. Und das gefällt wohl den Kindern auf der ganzen Welt an

Pippi. Später haben mir viele erwachsene Frauen erzählt, daß Pippi für sie als Kind das Seltsamste war, was sie je gehört hatten, nur weil sie so stark war. Bei Bertrand Russell habe ich gelesen, daß sich die kindlichen Wunschträume von denen der Erwachsenen ziemlich unterscheiden. Die Erwachsenen haben Sexualträume, die Kinder träumen davon, mächtig zu sein. Pippi kann tun, was ihr gerade in den Sinn kommt.

*Sehr viele Menschen, die Macht haben, erliegen der Versuchung, sie zu mißbrauchen. Das gerade tut Pippi nicht. Sie ist stark, aber auch lieb.*
– Genau das wollte ich wohl zeigen, daß man lieb sein kann, auch wenn man übermächtig stark ist. Pippi hätte auch etwas Böses tun können, aber gerade das wollte sie nicht. Sie ist ein Beispiel dafür, daß man Macht haben kann, ohne sie zu mißbrauchen.

*Man könnte sagen, daß Sie in die Weltliteratur im wahrsten Sinn des Wortes hineingestolpert sind …*
– Also, diese Geschichte … Es war an einem Märztag im Jahr 1944. Ich war abends zum Vasaparken unterwegs, hier gleich gegenüber. Da ist es passiert. Ich bin auf dem vereisten Gehsteig ausgerutscht und habe mir den Fuß verstaucht. Nun mußte ich für einige Zeit ruhig im Bett liegen, und ich begann die Geschichten von Pippi zu stenografieren. Bis vor kurzem habe ich meine Einfälle so aufgeschrieben, immer morgens. Weil meine Tochter im Mai zehn Jahre alt wurde, kam mir der Gedanke, ihr die Pippi-Erzählungen zum Geburtstag zu schenken. Den Durchschlag schickte ich an einen Verlag. Die Pippi-Geschichten waren damals noch recht gewagt, und so schrieb ich im Begleitbrief: „… in der Hoffnung, daß Sie nicht die Jugendfürsorge alarmieren." Genau wie erwartet, erhielt ich das Manuskript zurück.

*Aber in der Zwischenzeit hatten Sie ein weiteres Buch geschrieben ...*

– Ja, „Britt-Mari erleichtert ihr Herz". Ich hatte es bei einem Wettbewerb für Mädchenbücher beim Verlag Rabén & Sjögren eingereicht. Ich erinnere mich noch ganz genau. Spät am Abend klingelte das Telefon. Es war der Verleger, der mir mitteilte, ich hätte den zweiten Preis gewonnen. Das hätte ich mir nie vorstellen können. Nur mein Sohn Lars war noch wach. Meine Tochter und mein Mann schliefen bereits. Ich rannte zu meinem Sohn und fing an, wild herumzutanzen. Er starrte mich an und konnte überhaupt nicht verstehen, was los war. Als er dann die gute Nachricht hörte, hüpfte auch er vor Freude durchs Zimmer.

Die schwedische Kinderbuchbibliothekarin Elsa Olenius, die später meine Freundin wurde, war Mitglied im Rabén-Komitee, das die Bücher auswählte. Sie hat mir erzählt, der Verleger habe beim Öffnen einen Seufzer ausgestoßen: „Hoffentlich ist es eine echte Verfasserin – Nein, es ist nur eine ganz gewöhnliche Hausfrau. Schade." Im folgenden Jahr beteiligte ich mich bei Rabén an einem Kinderbuch-Wettbewerb. Ich hatte das Manuskript von Pippi etwas umgeschrieben und bekam den ersten Preis.

*Wenn Sie dieses Buch heute nochmals schrieben, würden Sie etwas ändern?*

– Im Rückblick meine ich, daß Pippi auch eine Menge Unsinn von sich gibt, den ich besser nicht geschrieben hätte. Auch hätte ich ihren Vater heute natürlich nicht zum „Negerkönig" gemacht. Als ich den ersten Preis für das Pippi-Buch gewonnen hatte, sagte ich zu meiner Tochter Karin, die ja auf den Namen gekommen war, wir sollten uns den Preis teilen. Da schaute sie mich ernst an und sagte mit strenger Stimme: „Bitte, sei so gut und ziehe mich nicht in deine albernen Geschichten hinein."

*Am Anfang gab es in Schweden wohl auch Stimmen, die sich über die unerzogene Pippi schockiert zeigten ...*
– Die gab es wohl. Zunächst waren doch viele begeistert von Pippi. Da meldeten sich kaum Kritiker zu Wort. Man traute sich nicht, daran etwas auszusetzen. Erst nach einem Jahr stürzte sich Professor John Landquist in einem großen Artikel auf mein Pippi-Buch. Jetzt krochen noch andere aus den Löchern heraus und trauten sich zu sagen, wie schrecklich dieses Buch doch sei. Es hieß, die Autorin sei unbegabt und unkultiviert, Pippi eine abnorme und krankhafte Gestalt. Man regte sich darüber auf, daß Pippi beim Kaffeeklatsch eine ganze Sahnetorte verschlingt. Später hat John Landquist seine Ansichten geändert, und wir sind gute Freunde geworden.

## *Ein gutes Kinderbuch muß gut sein*

*Über Ihre Figuren wie Pippi, Michel oder Karlsson ist oft gemutmaßt worden, was Sie wohl damit gemeint haben könnten ...?*
– Diese Deutungen sind mir alle völlig egal. Ich schreibe, was mir Spaß macht. Einzig das Kind, das ich selbst einmal gewesen bin, inspiriert mich zu meinen Geschichten. Und wenn's den Kindern auf der ganzen Welt gefällt, dann kann ich wohl beruhigt sein. Sollen die Kritiker schreiben, was sie wollen. Schon oft habe ich gesagt, daß ein gutes Kinderbuch einfach gut sein soll. Und ob es das ist, merkt man beim Lesen.

*Sie waren viele Jahre bei Rabén für die Kinderbuchabteilung verantwortlich ...*

– Ja, und ich war auch meine eigene Sekretärin, dem Verlag ging es am Anfang nicht so gut. Zunächst wußte ich auch wenig über die Arbeit mit Büchern, aber ich konnte es spüren, wenn ein Buch gut war. Es gelang mir sogleich, ein paar richtig gute Kinderbücher zu bekommen. Später kam Marianne Eriksson in meine Abteilung, und wir haben gut zusammengearbeitet. Heute ist Rabén der führende Kinderbuchverlag in Schweden, bei dem ich alle meine Bücher herausbringe.

*Warum sind Sie erst mit Ende Dreißig eine „richtige Verfasserin" geworden?*

– In der Schule sagten sie manchmal zu mir: „Du wirst wohl die Selma Lagerlöf von Vimmerby." Ich dachte bei mir, das werde ich bestimmt nie versuchen. Selma Lagerlöf habe ich sehr bewundert und konnte mir nicht vorstellen, so etwas wie „Die Wunderbare Reise des kleinen Nils Holgersson" zustande zu bringen. Dieser Vergleich mit Selma Lagerlöf hat mich bange gemacht und mir den Mut genommen. Wahrscheinlich fassen Menschen, die wirklich nie ein Buch schreiben, solche Entschlüsse erst gar nicht.

Als ich später richtig zu schreiben anfing, wußte ich genau, welche Bücher ich als Kind gerne gelesen hätte. Ich schreibe meine Bücher für mich selbst, für die kleine Astrid von einst, für das Kind, das ich einmal war. Ich liege auf meinem Bett und schreibe und schreibe, denke an nichts anderes und schreibe die ganze Zeit. Ich bin dann wie versunken in meine eigene Welt. Dann schreibe ich meist jedes Kapitel acht- bis zehnmal um, so lange, bis es mir wirklich gefällt. Ich bin natürlich froh, wenn es auch anderen Freude macht.

*Ihre Leserschaft ist so groß, daß man sie nur mehr schätzen kann. Vielleicht sind es mehr als hundert Millionen – und doch haben Sie alles für sich selbst geschrieben?*
– Ich schreibe meine Bücher für niemand anders, nicht einmal, um den Kindern zu gefallen. Die Literaturkritiker, die mich deuten wollen, gehen mit ihren Analysen zu weit, auch wenn sie manchmal Dinge darin finden, von denen man als Autorin selbst nichts gewußt hat. Beim Schreiben fließt ja auch manches ein, was aus dem Unbewußten kommt.

*Wenn Sie von Ihren Büchern erzählen, denkt man unwillkürlich an das Kuchenbacken. Man nehme eine Prise Phantasie, eine Prise Erinnerung, eine Prise Umgebung …*
– Ich weiß selbst nicht so genau, wie es vor sich geht, bis ein Buch oder eine Geschichte fertig ist …

*Wie ist der schöne, grundgescheite und gerade richtig dicke „Karlsson vom Dach" in seinen besten Jahren mit einem eingebauten Propeller entstanden?*
– Ich schrieb eine Serie für das Radio. Sie handelte von einem Mann, der einen kleinen lustigen Knaben als Freund hatte, der sehr nett zu ihm war. Später wollte ich ein Buch daraus machen. Als ich dann anfing, weigerte sich Karlsson, weiterhin dieser nette Kerl zu sein. Er wollte etwas anderes sein, ein ungehorsames und sehr freches Kind. Karlsson wurde nun einmal so, wie er ist. Sicher mögen die Kinder einen frechen Karlsson lieber. Auf den Namen bin ich durch einen Schuster gekommen, zu dem ich als kleines Mädchen für mein Leben gern die Schuhe zur Reparatur gebracht hatte. An der Wand bei ihm hingen zwei schauerliche Farbdrucke. Auf dem einen sah man Jona mit dem gewaltigen Fisch, auf dem anderen eine grauenhafte Riesenschlange.

Der Mann hieß „Karlsson vom Faß". Der Rhythmus dieses Namens klang noch in mir nach.

*Warum wurde Karlsson vom Dach in Rußland ein solcher Erfolg?*
– Die Geschichte ist zu einer Zeit entstanden, als der stalinistische Kommunismus noch nachwirkte. Da ging es dort besonders streng zu, auch für die Kleinen. Ich kann mir denken, daß sie sich bei all dem Zwang, dem sie ausgesetzt waren, über Karlsson mit seinem Schabernack freuten. Der durfte tun, was ihm gerade in den Sinn kam.

*Nicht unter allen kommunistischen Regimen aber waren ihre Bücher willkommen. In der ehemaligen DDR ist eine Lehrerin entlassen worden, weil sie den Schülern aus Pippi vorlas ...*
– Davon habe ich gehört. Aber das ist schon sehr lange her. Heute kann man in ganz Deutschland ungestraft aus meinen Büchern vorlesen.

### *Der einsame Mio saß auf einer Bank ...*

*Und der Meisterdetektiv Kalle Blomquist?*
– Da habe ich mich in meine Kinderzeit zurückversetzt. Ich habe oft mit Buben gespielt. Und die kleine Stadt war das Vimmerby in unserer Nachbarschaft. Das Ambiente war also da und der Wunsch, eine Detektivgeschichte zu schreiben, und plötzlich waren auch die Kinder Eva-Lotta, Anders und Kalle da.

*Für viele ihrer Leser ist Ihr „Mio, mein Mio" zum Lieblingsbuch geworden. Man hat mir gesagt, daß letzten Sonntag ein Pfarrer hier in Stockholm aus Ihrem Buch in seiner Predigt zitiert habe. Darin geht es auch um den ewigen Kampf zwischen Gut und Böse.*

– Ich sah einen kleinen Jungen hier ganz in der Nähe im Tegnérpark auf einer Bank sitzen. Ich mochte ihn gleich und wußte, das ist Mio, ein armes Pflegekind, das in einer Straße ganz in der Nähe wohnte. Seine Pflegeeltern waren häßlich zu ihm, weder der Vater noch die Mutter mochten ihn leiden. Sein Freund Benka hatte dagegen einen wunderbaren Vater und lebte in einer sehr glücklichen Familie. Da träumte Mio davon, daß er in eine andere Welt reisen könnte. Und das tat er auch. Im Land in der Ferne hat er seinen richtigen Vater gefunden, der dort König ist. Dann besiegt er für seinen Vater den bösen Ritter Kato und befreit dadurch die vielen verwunschenen Kinder. Wie im Märchen sind dunkel und hell, schwarz und weiß voneinander getrennt.

*Wie entstanden die Brüder Löwenherz?*
– Als ich zu schreiben begann, kamen verschiedene Bilder zusammen. Ich habe die Gewohnheit, mich auf Friedhöfen zu ergehen, hier auf dem Nordfriedhof und zu Hause in Vimmerby. Dabei lese ich die Namen auf den Grabsteinen und mache mir Gedanken über die vielen Menschen, die hier liegen. In Vimmerby habe ich ein Grab mit einem Kreuz entdeckt, auf dem stand geschrieben: „Hier ruhen die beiden Brüder Fahlén, gestorben im zarten Alter 1860", und in Stockholm habe ich das Grab der Brüder Bernström gesehen, die auch beide als Kleinkinder verstorben sind. Ich habe viel über diese Brüdergräber nachgedacht. Da wußte ich, daraus wird eine Geschichte über den Tod und die Geschwisterliebe. Und immer mehr nahmen Jonathan und Krümel Gestalt an.

Dann kam noch eine andere Begebenheit dazu. Bei einer Pressekonferenz stellte man den kleinen Janne Olsson vor, der die Filmrolle für Michel aus Lönneberga bekommen hatte. Der Arme mußte auf einem Tisch stehen und die vielen, vielen Fragen beantworten. Er war sehr tüchtig und gab ganz kluge Antworten. Als es vorbei war, schlich er sich davon und kroch auf den Schoß seines großen Bruders. Und der große Bruder beugte sich herunter und küßte ihn auf die Wangen. Da war mir plötzlich klar, so sind meine beiden Brüder Löwenherz. Das ist die Bruderliebe, um die es in meiner Erzählung gehen soll. Ich wußte aber noch nicht ganz genau, wie das Drumherum sein würde. Eines Morgens fuhr ich mit dem Frühzug an dem langen Fryken-See in Värmland vorbei. Die Sonne ging gerade auf, und die Natur war von einer überirdischen, friedvollen Schönheit. So entstand Nangijala.

*Haben Sie noch andere Entdeckungen bei Ihren Spaziergängen über die Friedhöfe gemacht?*
– Mit Elsa Olenius, meiner guten Freundin, bin ich oft über den Nordfriedhof hier gegangen. Damit Sie sehen, was für ein Kindskopf ich bin – jedesmal spielten wir zusammen ein Spiel mit den Namen der Grabsteine. Das ging so: Abwechselnd sollte jede von uns die Person, deren Namen auf dem jeweils siebten Grabstein stand, darstellen. Elsa bekam immer die feinen, adligen Namen und ich die ganz einfachen ... Das haben wir jahrein, jahraus gespielt.

*Die meisten ihrer Bücher sind von Ilon Wikland illustriert worden. Was gefällt Ihnen an dieser Zeichnerin so gut?*
– Ich kann Ihnen nicht genau erklären, was mich an ihren Bildern anzieht. Aber sie haben etwas ganz Besonderes, das auch Kindern gut gefällt. Als ich vor vierzig Jahren „Mio, mein Mio" herausbrachte, ist meine bisherige Illustratorin Ingrid Vang Nyman nach Dänemark zurückgekehrt. Damals hat mir jemand diese junge Ilon Wikland empfohlen. Sie las mein Manuskript, machte Probezeichnungen, die mir auf Anhieb gefielen.

*Bei Ihnen zu Hause gab es neben der Bibel nur wenige Bücher. Wie haben Sie als Kind, das auf einem Bauernhof aufwuchs, ihre große Liebe zu Büchern entdeckt?*

– Die Tochter unseres Kuhknechts, Edit, ging bereits in die Schule. Sie muß eine Bibliothek gefunden haben, aus der sie Bücher auslieh. So konnte sie mir das Märchen vom Riesen Bam-Bam und der Fee Viribunda und Geschichten aus „TausendundeinerNacht" vorlesen. Ach, diese kleine Edit, welch ein Glück für mich, daß es sie gab. Sie hat meine Kinderseele ins Schwingen versetzt, und das ist bis heute nicht ganz abgeklungen. Mit Edit habe ich auch entdeckt, wie wunderbar Buchstaben sind. Durch sie lernte ich das Lesen.

*Sie haben in Ihrem Leben sehr viel gelesen. Können Sie sich an Bücher erinnern, die Sie besonders beeindruckt haben?*

– Tolstoj und andere Russen habe ich wie eine Wilde verschlungen. Auch Gorkij hat mich stark beeindruckt. Als Kind las ich Elsa Beskows „Hänschen im Blaubeerwald" und Helena Nyblom, das waren große Erlebnisse. Im übrigen hat mir die Lyrik besonders viel bedeutet. Sie ist der Gipfel der Literatur. Der russische Lyriker Osip Mandelstam zum Beispiel, der seine Gedichte, echte Juwelen, nur an Freunde und Bekannte verschickte. Als Mitglied der „Gruppe der Neun" bin ich auch mit der modernen schwedischen Literatur vertraut geworden. Wenn ich den amerikanischen Schriftsteller Isaac Bashevis Singer lese, der 1978 den Nobelpreis erhielt, dann bekomme ich richtig Lust, durch eine polnisch-jüdische Stadt zu schlendern.

*Lesen Sie heute noch viel?*

– Leider kann ich überhaupt nicht mehr lesen. Man liest mir vor, aber nicht so viel, wie ich es gerne hätte. Ich bekomme ständig so fürchterlich viele Bücher. Alle könnte niemand lesen, das wäre völlig unmöglich.

## Pomperipossa meldet sich zu Wort

Der Mensch ist das einzige Geschöpf, das konsumiert, ohne zu produzieren. Er gibt keine Milch, er legt keine Eier, er ist zu schwach, den Pflug zu ziehen, er läuft nicht schnell genug, um Kaninchen zu fangen. Und doch ist er Herr über alle Tiere.

George Orwell, Farm der Tiere

*Auch Politiker brauchen ein Mindestmaß an Vernunft*

*Sie melden sich auch in der Politik zu Wort, wenn Sie sich über Ungerechtigkeiten ärgern. Man sagt, Sie hätten 1976 mit Ihrem Märchen „Pomperipossa" zum Sturz der sozialdemokratischen Regierung beigetragen ....*
– Das kann stimmen. Nur wird alles, was ich sage, immer so groß aufgeblasen. Am liebsten möchte ich mich nicht einmischen. Aber wenn die Dinge unerträglich werden, geht es nicht anders. Damals hatte man ein idiotisches Steuergesetz erlassen. Viele Menschen in Schweden waren ganz verzweifelt und wußten mit ihren großen Steuerlasten weder ein noch aus. Da entschloß ich mich, meine „Pomperipossa in Monismanien" zu schreiben. Das hatte zu Folge, daß sich der Ministerpräsident Olof Palme am nächsten Tag direkt an mich wandte und beteuerte: „Wir wollten das Steuersystem schon lange ändern. Da brauchst du dir keine unnötigen Sorgen zu machen. Es ist ja alles schon geplant." Doch es geschah nichts.

Ich zahle gerne Steuern, aber 102 Prozent, wie man es

1976 von mir verlangte, nein danke – so viele Prozente gibt es ja überhaupt nicht. Deshalb schrieb ich mit dem Pompe-ripossa-Märchen gegen den übermächtigen Staat. Ein Mindestmaß an Vernunft muß es auch in der Politik geben. Ich fand, das geht doch zu weit. Der damalige sozialdemokratische Finanzminister Gunnar Sträng meinte, ich solle bei meinen Märchen bleiben, von denen ich etwas verstünde. Da erwiderte ich ihm, daß wir unsere Berufe tauschen sollten, weil er so gut Märchen erzählen und ich besser rechnen kann als er. Er war mir damals böse, aber ich hoffe, er hat mir inzwischen im Himmel verziehen.

*Mit dem Politiker Bert Carlsson aber haben Sie einmal großen Krach gehabt über die Rechte der Tiere?*

– Ich habe keinen Streit mit ihm begonnen, sondern er mit mir. Er sagte über mich: „Diese alte Tante ist lebensgefährlich." Das ist diese Tante meiner Meinung nach nicht. Bert Carlsson ist viel lebensgefährlicher, weil er meint, meine Forderung, das Leben der Tiere zu erleichtern, würde die gesamte schwedische Landwirtschaft zerstören.

## *Die liebeskranke Kuh*

*Wie kam es dazu, daß Sie in der Tierschutzdebatte das Wort ergriffen haben?*

– Ich hatte einen Artikel in unserer größten Tageszeitung „Dagens Nyheter" über eine liebeskranke Kuh geschrieben. Da ich selbst einmal ein Bauernmädchen war, kann ich Kühe gut verstehen. Das war nicht so ganz ernst gemeint. Ich schrieb, daß mir die Kühe leid tun, weil sie niemals in Freiheit auf unseren schönen Sommerwiesen herumlaufen und sich dort satt fressen dürfen. Heute müssen diese armen Tiere immer in ihren Ställen eingesperrt bleiben. Sie kommen nie zu einem Stier, sondern zum Inseminator und werden künstlich befruchtet. Und wenn sie ein Kalb bekommen, dann nehmen es ihnen die Menschen augenblicklich weg. Das las die junge Veterinärin Kristina Forslund und wandte sich mit folgender Bitte an mich: „Könnten Sie mir nicht helfen, die Menschen wachzurütteln, damit endlich etwas für die armen Tiere getan wird, die durch die Massenviehhaltung so viel zu leiden haben?" So taten wir uns zusammen. Sie lieferte mir alle Informationen über die genauen Umstände, unter denen man die Tiere zusammenpfercht. Also fing ich an, Beiträge im „Expressen" zu veröffentlichen. Ich schrieb Interviews mit Tieren, in denen diese mir von ihrer Misere erzählen. Die ganzen Geschichten sind später in einem Büchlein mit dem Titel: „Meine Kuh will auch Spaß haben" erschienen.

*Worüber haben Sie sich mit den Tieren in Ihren Gesprächen denn unterhalten?*

– Ich ging in eine Legebatterie und unterhielt mich mit der Henne Lovis, die fast federlos war. Ich sagte ihr, sie sähe richtig häßlich aus, und wollte von ihr wissen, ob man mit solchen verunstalteten Klauen überhaupt herumlaufen könne. Sie erwiderte: „Das kann ich nicht. Und es spielt auch keine Rolle in dem winzigen Käfig, in dem ich leben muß." Als nächstes besuchte ich Augusta, die Sau. Sie war bitterböse auf den Menschen, der zehn Zentimeter von ihrem Verhau weggenommen hatte. Ich sagte zu ihr, wegen zehn Zentimetern brauche sie doch nicht so einen Aufstand zu machen. Sie erwiderte: „Spart man in den Gemächern des Landwirtschaftsministeriums zehn Zentimeter ein, juckt das niemanden. Die Leute dort haben so viel Platz, daß Sie allesamt Polka tanzen könnten." So wurde ich von der Sau Augusta belehrt, daß zehn Zentimeter, die für Menschen kaum der Rede wert sind, für eine bedrängte Sau sehr viel bedeuten.

*Der liebe Gott kommt auf den Schlachthof*

*Und dann haben Sie in einem Artikel von einem Inspektionsbesuch Gottes auf Erden geträumt ...*

– In dem Traum ist der liebe Gott auf die Erde gekommen, um zu sehen, wie die Menschen die Tiere behandeln. Er erinnerte sich noch daran, wie schön er einst alles geschaffen hatte, und daß am letzten Schöpfungstag die Menschen von ihm auserkoren worden waren, um über die Tiere zu herrschen. Erst jetzt hatte der Vielbeschäftigte Zeit gefunden, sich nach dem Wohlergehen der Tiere zu erkundigen, und er meinte, er würde nur zufriedene Antworten hören. Da zeigte ich dem lieben Gott eine Schweineschlachterei, in der man versucht, möglichst viele Schweine im Eiltempo umzubringen. Als der liebe Gott sah, wie die verängstigten Schweine zum Schlachten getrieben wurden, wie sehr sie litten, bis sie zu Tode kamen, wollte er die Maschinerie anhalten lassen und rief: „Halt, stopp, aufhören, diese Tiere leiden!" Der Allmächtige war entsetzt darüber, welche Schwachköpfe und Bösewichte er zu Herrschern über die Schöpfung auserkoren hatte, und verlangte den Verantwortlichen für diese skandalösen Zustände zu sprechen.

In meinem Traum verschwand der liebe Gott dann plötzlich, und an seiner Stelle stand unser Landwirtschaftsminister Mats Hellström. Jetzt konnte ich ihn so sprechen lassen, wie es mir gefiel. Da sagte er zum Beispiel: „Künftig dürfen keine Tiere mehr auf Lebenszeit eingesperrt werden. Hinaus mit ihnen in Gottes freie Natur!" und „Ich werde alles tun, was in meiner Macht steht, damit die schwedische Landwirtschaft wieder gesund wird."

*Wahrscheinlich sind Sie der einzige Mensch auf der Welt, der ein Tierschutzgesetz von einem Ministerpräsidenten zum 80. Geburtstag geschenkt bekommen hat ...*

– Es war sehr nett von Ministerpräsident Ingvar Carlsson,

daß er mir dieses Gesetz geschenkt hat. Als ich achtzig Jahre alt wurde, kam er zu mir, um es mir zu erklären.

### *Eine Kampagne gegen Leserbriefe*

*Sie gelten in Schweden als eine der wichtigsten Meinungsmacherinnen. Das hat sich ja wieder bei Ihrer Tierkampagne gezeigt. Wie empfinden Sie es, solch eine berühmte Person zu sein?*

– Bisweilen denke ich, daß diese Astrid Lindgren ein wenig albern wird. Jetzt muß Schluß sein mit dem Rummel um meine Person. Sicher bin ich froh, daß viele mich ins Herz geschlossen haben, aber der Rest kümmert mich wenig. Diese vielen Einladungen werden mir zu viel, und ich kann nicht immer nein sagen. Vielleicht sollte ich jetzt eine Kampagne starten, daß die Menschen nicht mehr so viele Briefe an mich schreiben. Doch ich habe auch große Sympathie für die Menschen, vielleicht nicht für alle, aber für viele. Es kann sein, daß die Menschen das spüren.

Aber manchmal ist es nicht leicht, berühmt zu sein. Wenn ich hier im Vasaparken spazieren gehe, dann kann soviel Sympathie lästig werden. Zum Beispiel kam heute ein ungefähr fünfzehnjähriges Mädchen auf mich zu. Sie war nicht das, was ich ein angenehmes Kind nenne, sondern ziemlich aufdringlich. Sie sagte: „Oh, wir kennen uns doch. Ich habe Sie schon einmal getroffen und mit ihnen gesprochen." Und dann begann sie ohne Punkt und Komma zu reden. Da sehnte ich mich danach, allein zu sein. Dann ging ich ein paar hundert Meter weiter und traf auf einen Mann, der rief: „Oh, wir kennen uns." Das war peinlich, denn ich merkte, daß ich diesen Mann eigentlich sehr gut kennen sollte, aber seinen Namen vergessen hatte.

Nach solchen Erlebnissen kehre ich gerne in meine vier Wände zurück.

*Können Sie gut allein sein?*
– Das kann ich gut, obwohl ich keine Eigenbrötlerin bin. Ich bin ja auch daran gewöhnt, denn ich wurde schon mit fünfzig Jahren Witwe. Ich wollte mich nie wieder verheiraten. Viele Menschen, die ihren Partner verlieren, sind dann für den Rest ihres Lebens unglücklich. Ich kann sehr gut allein sein.

## *Ich tanzte einen Sommer ...*

*Es gibt immer wieder Gerüchte, daß Sie den Nobelpreis bekommen sollen.*
– Den Nobelpreis würde ich nicht überleben. Auch Nelly Sachs ist daran gestorben. Aber das ist Gott sei Dank nicht aktuell. Allein der Gedanke ist für mich schrecklich. Schon jetzt werde ich von so vielen Journalisten verfolgt. Ich kann mir lebhaft vorstellen, wie es ist, wenn sich die gesamte Weltpresse auf mich stürzt. Die mir noch verbleibende Zeit möchte ich zu etwas anderem nützen.

*Woran arbeiten Sie zur Zeit?*
– Es hat mit Pippi begonnen, vielleicht wird es mit Pippi enden. Aus den Pippi-Geschichten wird ein Trickfilm in sechsundzwanzig Abschnitten gemacht. Ich schreibe die Dialoge selber, denn ich möchte, daß es ein wirklich guter Film wird, mit einer richtigen Pippi. Dann kann ich mich hinlegen und sagen: „Jetzt bin ich fertig!"

*Macht Ihnen das Alter zu schaffen?*
– Niemand bleibt von den Malaisen des Alters ganz verschont. Auch nicht die vielen legendären joghurtessenden Steinalten im Kaukasus. Pippi wußte schon, warum sie Pillen gegen das Erwachsenwerden genommen hat. Stellen Sie sich vor, wir alle würden so alt werden, dann wäre die Erde bald völlig übervölkert. Man muß Raum für die kommende

Generation machen. Ich für meinen Teil überlasse meinen Platz gerne einer Jüngeren. Ich kenne eine Frau, die an ihrem hundertfünften Geburtstag, nach dem die Gratulanten wieder gegangen waren, ermüdet die Treppe zu ihrem Schlafzimmer hinaufstieg, um sich etwas von den Anstrengungen auszuruhen. Dabei hörte man sie seufzen und murmeln: „Ja, ja, man merkt schon, daß man nicht mehr hundert ist." Wenn ich auf mein Leben zurückblicke, kommen mir einige Zeilen aus Karlfeldts „Der Sommertanz" in den Sinn:

Ich tanzte einen Sommer
es war ein schöner Sommer
niemals tanzte man wieder
an diesen Plätzen wie einst.

Man spielte auf den Abendlang
weit über Höfe und Scheunen es klang
Wir gingen lange Wege
in Paaren, zwei und zwei.

Ich tanzte einen Sommer
es war mein einziger Sommer
gar bald war ich dann alt
und schon war alles vorbei.

# III.
# Ein Mädchen aus Småland

## Eine ungewöhnliche Liebesgeschichte

Astrid Anna Emilia erblickte am 14. November 1907, als zweites Kind von Samuel August und Hanna Eriksson, im småländischen Näs bei Vimmerby das Licht der Welt. Ihre Eltern waren einander ein Leben lang innig zugetan. Diese ungewöhnlich glückliche Ehe hat Astrid Lindgren von Anfang an geprägt. Zu dieser Zeit pflegten Zärtlichkeiten und Liebesbezeugungen unter bäuerlichen Eheleuten vor anderen wenig üblich zu sein. In den Großfamilien wurden die Ehepartner meist von den Eltern ausgewählt. Bei Astrids Eltern war das anders gewesen. Ihre Liebesgeschichte begann im Gemeindehaus von Pelarne, wo die Kinder aus dem ganzen Kirchensprengel unterrichtet wurden. Dort sah der dreizehnjährige Samuel August die neunjährige Hanna aus Hult zum ersten Mal bewußt während der Repetitionsprüfung. Hanna besuchte, wie damals üblich, jeden zweiten Tag die Volksschule von Pelarne. Sie war die Beste ihrer Klasse und sang auch im Kirchenchor.

Das hübsche Mädchen mit den Stirnfransen war die jüngste Tochter des Kirchenältesten Jonas Petter Jonsson (1832–1910) aus Pelarnehult und seiner Frau Lovisa Persdotter (1842–1932). Lovisa war bekannt für ihre Umsicht und Güte, besonders gegenüber den Armen. Die starke, selbstbewußte und intelligente Frau war dazu eine geschickte und in der ganzen Gegend gefragte Hebamme. Ihre Kenntnisse in der Kräuterheilkunde hat sie später an ihre Tochter Hanna weitergegeben.

Jonas Petter und Lovisa, die fromme Leute waren, lasen häufig in der Bibel und gingen jeden Sonntag zur Kirche. Im streng evangelisch-lutherischen Schweden jener Zeit war es sogar vorgeschrieben, in die Kirche zu gehen. Nur wenn ein Hof sehr weit entfernt vom Gebetshaus lag, wurden Ausnahmen bewilligt. Dann brauchte nur einer der Hofbewohner beim Gottesdienst anwesend zu sein. Sonntags zu verreisen, galt nicht als Entschuldigungsgrund. Während der Abendmahlsfeier wurden sogar die Landstraßen mit Schranken verriegelt, damit sich auch ja niemand aus dem Staube machen konnte. So streng waren damals Sitten und Gebräuche.

## Die Erikssons, ein Bauerngeschlecht

Astrids Vater, Samuel August Ericsson, war der dritte Sohn von Samuel Johan August Eriksson (1845–1926) und Ida Ingström (1851–1929). Astrid's Urgroßvater väterlicherseits hieß Erik Samuelson (1807–1869), sein Sohn änderte dann aber den Namen – wie es in den Bauerngeschlechern häufig vorkam –, indem er dem väterlichen Vornamen die Endung „sson" anhängte; daraus wurde später „Eriksson". Samuel August änderte ihn wieder und machte aus dem *k* ein *c*. Viele Schweden hatten damals den gleichen Namen. Um sich besser voneinander zu unterscheiden, gab man auch den Vornamen des Vaters an. Eriksson bedeutet also ursprünglich „der Sohn von Erik". Noch in den sechziger Jahren unseres Jahrhunderts trugen zwei Drittel der Schweden Namen wie Karlsson, Nilsson, Eriksson oder Svensson, die auf ihren bäuerlichen Ursprung hinweisen.

Der älteste Bruder von Samuel Johan August war, wie viele Verwandte, nach Amerika ausgewandert. Samuel August, Astrids Vater, arbeitete zunächst auf dem väterlichen Hof in Sevedstorp. Die kleine Landwirtschaft reichte jedoch nicht aus, um die ganze Familie zu ernähren. So verdingte er sich mit achtzehn Jahren für den geringen Lohn von sechzig Kronen im Jahr bei seinem Onkel mütterlicherseits, Per Otto, in Vennebjörke.

Die freie Zeit, die ihm im Winter blieb, während der Landwirtschaftsbetrieb ruhte, nutzte er für einen Besuch der Volkshochschule in Södra Vi, um sich weiterzubilden. Seine ganze Buchweisheit stammte aus jener Zeit. Die Volkshochschulen in Schweden sind im 19. Jahrhundert nach den Vorstellungen des dänischen Pastors und Volkserziehers N. F. S. Grundtvig entstanden. Grundtvigs Idee einer freiwilligen Jugendschule, die mehr auf Lebenskunde als auf Wissensvermittlung ausgerichtet ist, bildete einen Meilenstein in der Geschichte der Pädagogik und fand in ganz Skandinavien großen Anklang. Noch heute gibt es im Norden über 200 Bildungsinstitute nach grundtvigianischen Ideen.

## Neue Pächter für Näs

Und dann kam mit dem denkwürdigen August 1894 ein Wendepunkt im Leben der Familie Eriksson. Der junge Samuel August hatte seiner Familie einen wichtigen Vorschlag zu unterbreiten und machte sich nach vollbrachtem Tagwerk sogleich auf den zwanzig Kilometer langen Fußmarsch nach Sevedstorp. Es wurde Mitternacht, bis er sein Ziel endlich erreichte. Trotz der späten Stunde traf er seine Mutter Ida noch bei der Arbeit an. Sie schrubbte kniend den Küchenboden. So konnte ihr Samuel August sogleich seinen Plan erzählen. Sein Onkel Per Otto habe ihm erzählt, der Pfarrhof von Näs sei zu pachten, und der Onkel sei der

Meinung gewesen, die Familie Eriksson von Sevedstorp solle sich beim Probst Blidberg als Pächter bewerben. Die Eltern zögerten zunächst, doch es gelang ihrem Sohn, sie davon zu überzeugen, daß es ihnen allen auf einem eignen Hof viel besser ergehen würde.

Da wandte sich Ida Eriksson an ihren Vater Anders Petter Ingström, der mit seiner Frau Sofia Margareta Lindner elf Kinder hatte. Weil Anders Petter sein Leben lang hart gearbeitet hatte und sparsam war, brachte er es zu einem für damalige Verhältnisse ansehnlichen Vermögen. Seine Habe verteilte er unter seinen Kindern. Die Tochter Ida bekam 4000 Reichstaler. Das reichte für die Pacht von Näs mit dem Vieh und der gesamten Gerätschaft. Doch es galt noch ein weiteres Hindernis zu überwinden. Viele andere Bauern bewarben sich um Näs. Samuel Eriksson schien nicht gerade der geeignetste Bewerber zu sein, stand er doch im Ruf, ein etwas zu weicher und zu gutmütiger Mensch zu sein.

Doch ausgerechnet Hannas Vater, der ja Kirchenältester war, legte ein Wort für ihn ein. Und so kam es, daß am 30. April 1895 die Familie Eriksson, mit ihrem Hab und Gut auf zwei Ochsenkarren verstaut, in das rote Pächterhaus nach Näs einzog. Die alte Sitte, Häuser mit der auffallenden rote Farbe zu streichen, geht auf den Anfang des 18. Jahrhunderts zurück. Man gewinnt sie aus Schwefelkies, einem Abfall der ehemaligen Kupfergrube von Falun. Frisch gestrichen, leuchtet die Farbe in hellem klaren Rot, bis sie über die Jahre schließlich die Tönung von Ochsenblut annimmt.

Pfarrhofpächter zu sein, gab den Erikssons einen neuen Status. Und man hatte auch die Gewißheit, in den wirtschaftlich schwierigen Zeiten vor der Hungersnot geschützt zu sein. Gute Pfarrhöfe und Probsteien waren damals auch ein erstrebter Sitz für Professoren der Theologie. „Unser nächster Nachbar und auch unsere Obrigkeit war der Pfarrer, und in seinem schönen, weißen Pfarrhaus waren wir oft und guckten uns dort ein bißchen ab, wie man sich in besseren Häusern benimmt", sollte Astrid Lindgren später schreiben.[11]

Der Pfarrer mußte sich auch darum kümmern, daß alle Gemeindemitglieder seines Kirchspiels möglichst viele Einzelheiten des christlichen Glaubens kannten. Um diese Kenntnisse zu überprüfen, fuhr der geistliche Herr auf die vielen abgelegenen Bauernhöfe. Dort unterzog er seine Schäfchen, eines nach dem anderen, dem Einzelverhör. Weitum fürchteten die Leute diese Begegnungen mit der geistlichen Obrigkeit. Eine Magd auf Näs, die bei einem der häuslichen Katechismusverhöre die Feiertage des Kirchenjahres aufzählen sollte, sagte in ihrer Verwirrung: „Weihnachten und Ostern und der Vimmerbymarcht." Und eine andere Magd antwortete auf die Frage nach den biblischen Ureltern mit „Thor und Freya."[12]

## Frieden, Impfung, Kartoffel

Nach der Flurbereinigung von 1827 hatten sich zahlreiche alte Dorfgemeinschaften aufgelöst, und die Bauern waren auf die ihnen zugeteilten Landstücke gezogen. Das Land gab nun zwar den dreifachen Ertrag her, aber der Zusammenhalt der alten Dorfgemeinschaften fand ein Ende. Die vielen Landarbeiter außerhalb der Dörfer hatten das Nachsehen, weil sie kein Land zugeteilt bekamen. Wer eine Kate, ein Häuschen, sein Eigen nannte, konnte sich während der Erntezeit als Tagelöhner bei den Bauern verdingen. In den Dorfversammlungen war er aber nicht zugelassen. Kaum ein Bauernsohn, der etwas auf sich hielt, bewarb sich um eine Kätnertochter.

Seit der Mitte des 18. Jahrhunderts war die Bevölkerung

Schwedens rasch angewachsen und hatte sich zwischen 1750 und 1850 verdoppelt. Die Landwirtschaft konnte all die Menschen kaum mehr ernähren. Den großen Bevölkerungszuwachs hat der Dichter Esaias Tegnér auf drei Ursachen zurückgeführt: „Frieden, Impfung, Kartoffel." Er meinte, die Bevölkerungsliste verwandle sich immer mehr in eine Armenliste. Die Abstufung nach unten reichte bis hin zu den rechtlosen Einliegern, die als Gelegenheitsarbeiter meist ziemlich schlecht dran waren. Auch dem Onkel von Samuel August erschien die Emigration in die Vereinigten Staaten als einziger Ausweg. Die Auswanderer hofften jenseits des Ozeans eine Art Schlaraffenland zu finden.[13]

Zwischen 1840 und 1930 sind rund 1,3 Millionen Schweden in die USA ausgewandert, allein im „Rekordjahr" 1887 waren es 46900. Für die Jungen wurde Amerika zum Land der Träume und unbegrenzten Möglichkeiten, für die Alten, die zurückblieben, wurde Schweden zu einem Land der Ausweglosigkeit. Die vorwiegend schwedischen Ansiedlungen im Mittleren Westen der Vereinigten Staaten erinnern in mancher Hinsicht auch an Schweden. Astrid erzählt, ihr Michel habe ständig so viel Unfug getrieben, bis die Gemeinde von Lönneberga Geld sammelte, damit die geplagte Mutter ihn nach Amerika schicken konnte. „Aber Michels Mutter wurde furchtbar wütend und schleuderte das Geld aus dem Fenster, so daß es über ganz Lönneberga flog."[14]

## Mit oder ohne Tee

Zu den Aufgaben der neuen Pächter auf Näs gehörte es, den Pfarrer im ganzen Sprengel herumzukutschieren. Diese Pflicht übernahm Samuel August nur zu gerne. Auf diese Weise bot sich ihm die Möglichkeit, dann und wann seine angebetete Hanna zu sehen. Die hatte allerdings so viele Bewerber, daß er sie nicht anzusprechen wagte. Im Herbst 1902 bot sich dem schüchternen Verliebten dann doch eine Gelegenheit. Gemeinsam waren die jungen Leute in Gebo zu einer Hochzeitsfeier geladen worden, auf der sie sich ausgiebig miteinander unterhalten konnten. Hanna versprach Samuel August sogar, ein Monogramm für seinen Hut zu sticken. Der ließ wieder einige Zeit verstreichen, bis er es endlich wagte, sich mit einem Kärtchen bei Hanna nach der versprochenen Stickerei zu erkundigen. Zu seiner großen Freude erhielt er eine Antwort.

Im Jahr 1903 ging Hanna für einige Zeit nach Vimmerby. Sie wollte dort ihre Webkünste bei einer bekannten Weberin vervollkommnen. Da traf sie ganz zufällig mit Samuel August zusammen. Der lud sie bald öfters zum Tee ein, danach unternahm man längere Spaziergänge. Später sollte sich herausstellen, daß keiner der beiden dieses Getränk leiden konnte. Sie hatten den Tee nur getrunken, um aufeinander einen möglichst guten Eindruck zu machen. Mit oder ohne Tee – Samuel August war nun fest entschlossen, um Hannas Hand anzuhalten, aber er fand noch immer nicht die rechten Worte.

Erst am allerletzten Abend, kurz bevor Hanna Vimmerby wieder verlassen wollte, löste sich seine Zunge. Es war der 1. April, und es schneite in dichten Flocken, als er seine Angebete fragte: „Glaubst du, daß du und ich glücklich zusammen leben könnten?" Die fromme Hanna gab ihm zur Antwort: „Das liegt nicht nur in unserer Macht." Einen besseren Bescheid erhielt er nicht, auch in ihren vielen Briefen ließ sie Samuel August weiterhin im unklaren. Hanna war der Meinung, man müßte sich erst noch besser kennenlernen. Viel Muße zum Briefeschreibern hatten die jungen Leute allerdings nicht, denn beide mußten bei sich zu Hause fleißig mitarbeiten.

Schließlich wurde dann am 30. Juni 1905 doch Hochzeit

gefeiert. Doch die frischgebackene Braut konnte nicht gleich zu ihrem Ehemann ziehen. Sie mußte nach der Hochzeitsfeier auf Hult noch zwei Wochen lang mithelfen, die Große Wäsche zu waschen und das Haus zu putzen. Endlich konnte Samuel August seine sehnsüchtig erwartete Frau nach Näs holen, ins alte, schon im 18. Jahrhundert erbaute rote Pfarrhaus mit den weißen Fensterumrandungen und Hausecken, von Apfelbäumen umgeben. An diesem Flecken sollten Samuel August von Sevedstorp und Hanna von Hult viele glückliche Jahre beschieden sein. Erst im Jahr 1920 baute Samuel August das größere weiße Haus für seine Familie, das zum Teil Modell für die Villa Kunterbunt wurde. „Auf der Veranda ließ ich später Pippi Langstrumpf ihr Pferd unterstellen. Und in der Küche ließ ich Pippi ihre Pfannkuchen backen."[15]

Samuel August übernahm die Pacht vom Vater, war sparsam und machte gute Geschäfte. Er gründete eine Genossenschaftsmolkerei sowie Zuchtvereine für Stiere und für Hengste. Astrid erinnert sich an ihn als einen glücklichen und frohen Menschen, der Wärme und Sicherheit ausstrahlte. Wenn etwas in Unordnung geriet, wußte er es wieder in Ordnung zu bringen. Er staunte sein ganzes Leben darüber, daß er mit seiner geliebten Hanna leben durfte. Dem Paar wurden neben Astrid noch drei Kinder geschenkt: 1906 ihr Erstgeborener Gunnar, 1911 Stina und 1916 Ingegerd, das Nesthäckchen. Immer wieder betont Astrid, wie schön es war, ein Kind von Samuel August und Hanna zu sein. Beide Eltern hatten ein ausgesprochenes Erzählertalent, und ihre vier Kinder haben alle geschrieben. Gunnar, der später als dritter Ericsson Näs pachtete, wurde Reichtagsabgeordneter und verfaßte geistreiche politische Satiren unter dem Pseudonym „Gunnar von Lidesrrende", Stina war als Übersetzerin tätig, und Ingegerd wurde Journalistin und schrieb eine Biographie über die Schriftstellerin Anna Maria Roos.

Samuel August war verwundert, daß er solche ungewöhnlichen Bauernkinder hatte: „Ich habe doch sonderbare Kinder bekommen, alle beschäftigen sich mit dem Wort. Wie ist das nur in einer einzigen Familie zusammengekommen?" [16] In ihrer Kindheit wurden sowohl um den Küchentisch am Abend als auch während der Arbeit viele Geschichten zum besten gegeben. Astrid Lindgren erzählt sich heute noch hin und wieder selbst Kindergeschichten und meint, sie sei wahrscheinlich der „kindischste Mensch" auf der Welt. Es gehört zu den Merkwürdigkeiten der Literaturgeschichte, daß im roten Haus von Näs vor Astrid noch eine andere Schriftstellerin aufgewachsen ist: die Pastorentochter Constanze Hultin, die in einem etwas romantischen und moralisierenden Stil schrieb. Sie verfaßte unter anderem Kindergeschichten und Schilderungen aus Vimmerby und wurde von der später noch erwähnten Ellen Key sehr geschätzt.[17]

## Die Herrschaft der Frauen

Astrids Mutter war eine tüchtige und selbstbewußte Hausfrau. Sie war eine gute Schülerin gewesen und hatte davon geträumt, Lehrerin zu werden. Aber Mutter Lovisa war dagegen. Für das fromme Mädchen war der Wille Gottes und der Wille der Eltern wie ein Gesetz, dem man sich zu fügen hatte. Sie führte mit fester Hand ihren Haushalt. Bei Tisch saßen selten weniger als zehn Personen. Hanna verfügte über eine unermüdliche Arbeitskraft, konnte weben, nähen, Brot backen, Hühner halten, Schweine schlachten. Auch wenn sie bisweilen unter Zahnweh litt oder Fieber hatte, hörte sie niemand auf dem Hof jemals klagen.

In Astrid Lindgrens Stammbaum haben meist die weiblichen Vorfahren dominiert. So war Großmutter Ida, Samuel

Augusts Mutter, energisch und tatkräftig, der Großvater milde und sanftmütig. Ida war eine Respektsperson, die ihren großen Haushalt fest im Griff hatte. Sie war eine intelligente Frau, mit ausgeprägter Willenskraft und konnte recht eigenwillig werden. In Astrids Wesen finden sich einige dieser Züge ihrer Vorfahrinnen wieder. In Schweden sind starke weibliche Persönlichkeiten allerdings keine Seltenheit. Vielleicht ist es kein Zufall, daß mit der heiligen Brigitta (1303–1373) eine Frau die erste schwedische Persönlichkeit in der Geschichte mit internationalem Rang war.[18]

Im bäuerlichen Schweden arbeiteten die Frauen an der Seite ihrer Männer und teilten die gesamte Verantwortung mit ihnen. Bei der Bauernschaft waren die Frauen ebenso wichtig wie die Männer, sie hatten ihren Platz, erinnert sich Astrid. „Ich hatte nie die Vorstellung, daß ich es schwerer hätte, auch wenn sich die Männer immer wieder in den Vordergrund geschoben haben. Sie hatten für lange Zeit das Sagen, und uns Frauen war es kaum gestattet eine eigene Meinung zu haben. Als ich aufwuchs, durften Frauen auch nicht wählen. Nun sind die Frauen endlich stark im Kommen."[19]

Die Arbeit wurde im fließenden Rhythmus zwischen den Ehepartnern sowie zwischen Eltern und Kindern aufgeteilt. Alva Myrdal, die bekannte schwedische Politikerin und Sozialpädagogin, die 1970 den Friedenspreis des Deutschen Buchhandels erhielt, schreibt dazu: „Die Familie war einmal der natürliche Lebensraum für den Mann wie für die Frau. Beide hatten an der Erziehung der Kinder teil; jeder erlebte die Sorgen und Erfolge des anderen, und alle zusammen trugen ihren angemessenen Teil an der gemeinsamen Arbeitslast, wenn auch diese Teile je nach Kraft und Fähigkeiten der einzelnen Familienmitglieder unterschiedlich waren. Wahrscheinlich gingen sehr große kulturelle Werte verloren, als diese Art von Gemeinsamkeit aufhörte."[20]

Nach dem Gesetz aber war auch in Schweden der Ehemann Vormund seiner Frau, die er finanziell und rechtlich vertrat. Erst 1920 wurde die Ehefrau durch ein neues Ehegesetz wirtschaftlich ihrem Mann gleichgestellt.[21]

## Eine heile Welt

Astrid Lindgren wuchs in der geborgenen småländischen Welt auf, in der jeder seinen festen Platz hatte und sich das Leben durch die Abfolge der Jahreszeiten wie einem festgelegten Plan ordnete. Die Ungebrochenheit der bäuerlichen Menschen am Anfang des 20. Jahrhunderts klingt in heutigen Ohren fast nach einem Märchen. Die Sehnsucht nach einer heilen, überschaubaren Welt, die viele Menschen in unserer krisengeschüttelten und orientierungslosen Zeit weltweit in ihren Herzen tragen, erklärt vielleicht auch Astrid Lindgrens internationalen Erfolg.

Die Erziehung von Gunnar, Astrid, Stina und Ingegerd lag ganz in der Hand von Mutter Hanna. Ihre vier Wildfänge gehorchten ihr meist aufs erste Wort. Sie war ein Mensch, dem man nicht leicht näher kommen konnte. Die Kinder durften Hanna nicht umarmen, Astrid ist nur einmal von der Mutter in den Arm genommen worden. Die Ericsson-Kinder kannten ihre Grenzen; in dieser Hinsicht wurden sie streng und bestimmt erzogen. Gleichzeitig konnten sie nach Herzenslust spielen und sich austoben, ohne durch ständiges Genörgel oder Geschimpfe der Großen dabei gestört zu werden, erinnert sich Astrid. Es wurden keine unmäßigen Anforderungen an die Kinder gestellt.

Man brauchte nicht immer zur Zeit zum Essen zu kommen. „Kam man zu spät zu den Mahlzeiten, mußte man sich selbst etwas aus der Speisekammer holen, ohne Vorhaltungen."[22] Die Kinder mußten auch nicht alles essen, was auf den Tisch kam. Mochten sie etwas überhaupt nicht, machten sie sich statt dessen Butterbrote. Bekam ihre Kleidung bei den wilden Spielen Löcher oder Risse oder strotzten sie vor Schmutz, gab es keine Schelte. Doch die Kinder wurden, wie es bei Bauernfamilien üblich war, auch zur Arbeit herangezogen. Schon die Kleinen halfen beim Rübenverziehen und beim Ausreißen der Brennesseln für das Hühnerfutter. Die Größeren gingen bei der Ernte zur Hand. Am Samstagabend wurden die Kinder in einem Zuber im Waschhaus gebadet.

## Eine große Zäsur

Als „Backfisch" verlor Astrid Lindgren etwas von ihrer Ungebrochenheit und durchlief eine Reifungskrise. Es kam ein Sommer, in dem sie merkte, daß sie nicht mehr völlig unbefangen spielen konnte. „Es ging einfach nicht. Es war entsetzlich. Und traurig. Und ich glaube, das haben alle Kinder in diesem Alter erlebt. Ich kann euch nur sagen: Verzweifelt nicht am Leben! Denn das geht vorbei. Diese traurige Zeit nimmt ein Ende. Und alles wird wieder gut." [23]

Das Ende der Kindheit ist eine große Zäsur in jedem Leben. In ihrem Buch „Pippi Langstrumpf" reißen sich weder Thomas und Annika noch Pippi darum, erwachsen zu werden. Pippi findet, daß es die Großen niemals lustig haben: „Sie haben nur einen Haufen langweilige Arbeit und komische Kleider und Hühneraugen und Kumminalsteuern." Doch das kleine rothaarige Mädchen, niemals um einen Einfall verlegen, beschließt, Pillen gegen das Erwachsenwerden zu nehmen.

Auch einem anderen literarischen Jahrhundert-Kind, dem „Kleinen Prinzen", bleibt auf eine etwas sentimentalere Weise der Zugang zur Erwachsenenwelt verwehrt.

„Hier auf Erden ist der kleine Prinz erschienen und wieder verschwunden", schreibt Antoine de Saint-Exupéry. „Wenn ... ein Kind auf euch zukommt, wenn es lacht, wenn es goldenes Haar hat, wenn es nicht antwortet, so man es fragt, dann werdet ihr wohl erraten, wer es ist. Dann seid so gut und laßt mich nicht weiter so traurig sein: schreibt mir schnell, wenn er wieder da ist ..."[24] Die Welt der Kleinen und die Welt der Großen scheinen weit auseinander zu liegen. Astrid Lindgren hat diese beiden Reiche in ihrem Werke wie kaum jemand einander nähergebracht.

## Halb Lisa, halb Pippi

Ihre Geschichten handeln häufig von Kindern, die ihre aggressiven Gefühle in einem sicheren Rahmen ausleben dürfen. Die Eltern, die in ihren Geschichten vorkommen, sind oft geradezu Idealeltern mit einem großen Verständnis für kindliche Wünsche und Nöte. Margareta Strömstedt, die wohl die beste Biographie über Astrid Lindgren geschrieben hat, weist aber mit Recht darauf hin, daß sich Astrid selbst ihren Eltern gegenüber wohl nicht so problemlos ausleben konnte, wie es den Anschein hat.

Auf Näs verlief das Leben selbstverständlich auch nicht immer ganz harmonisch. „Ich erinnere mich, daß ich mich ein einziges Mal gegen meine Mutter erhoben habe. Damals war ich noch ganz klein, im Alter von drei bis vier Jahren. Da war ich der Meinung, daß meine Mutter wirklich dumm sei, und beschloß, mich auf das Klohäuschen zurückzuziehen. Ich blieb wohl nicht so lange fort, aber als ich zurückkam, hatten meine Geschwister in der Zwischenzeit Karamellbonbons geschenkt bekommen. Ich fand das ungerecht und wurde so wütend, daß ich nach meiner Mutter trat. Aber da wurde ich ganz schnell aus dem Zimmer geführt und bekam eine Tracht Prügel", erinnert sich Astrid Lindgren.[25] In der Geschichte „Pelle zieht aus" spiegelt sich dieses Erlebnis wieder. „Damit wollte ich nur endlich mein fünfjähriges Ich trösten, das bestimmt noch irgendwo in all den Jahresringen der Seele versteckt ist."[26] Auch der kleine Pelle wandert schmollend auf das Häuschen mit dem Herzenfenster aus, weil er sich über seine Familie ärgert und genug von ihr hat. Als er wieder aus seinem freiwilligen „Exil" zurückkehrt, begegnen ihm seinen Eltern mit Zartgefühl und Verständnis.[27]

Margareta Strömstedt meint, es gäbe einen Widerspruch zwischen Astrid Lindgrens eigener, auch autoritär gesteuerter Kindheit – mit „Zucht und Gottesfurcht" –, die sie selbst als freie, durch und durch glückliche Zeit erinnert, und ihren psychologisch realistischen Kinderschilderungen, in denen sie immer Partei für die Kinder gegen jede Autorität ergreift. Diese Polarität spiegelt sich besonders in der wohlangepaßten Lisa der Bullerbügeschichten und der revoltierenden Pippi Langstrumpf wider. „Die Lisa in Bullerbü ist ebenso wie Pippi Langstrumpf nur ein halbes Selbstporträt. Der Wechsel von Anpassung und Revolte geht durch ihr gesamtes Werk hindurch. Vielleicht kann man sagen, daß sie erst mit Michel aus Lönneberga ein Kind schuf, bei dem sich die phantasievolle Revolte in die Wirklichkeit einfügt. Michel ist aus diesem Grund die Figur, die Astrid am nächsten steht."[28]

Der Vater Samuel August strahlte Autorität aus, ohne seinen Kindern Angst einzuflößen. Er war ein Mensch mit einer weiten Spannbreite: naiv und zugleich scharfsinnig, gutmütig, ohne nachgiebig zu werden, großzügig, aber geschäftstüchtig. Vor allem war er ein großartiger Erzähler. Er stand eine Stunde früher auf, um ein Buch von Hamsun zu lesen. Astrid verehrte ihren Vater. Mit Schrecken erinnert sie sich daran, wie der geliebte Vater mit einem geplatzten

Blinddarm ins Krankenhaus von Västervik eingeliefert wurde und nur knapp mit dem Leben davonkam. Da legte sich für einige Woche ein dunkler Schatten auf die helle und geborgene Welt ihrer Kindertage.[29]

Dem Vater ist Astrid ihr Leben lang sehr nahe gestanden. Ihre Freundin Elsa Olenius schildert die beiden in den sechziger Jahren: „Und dann ist sie die beste Freundin ihres einundneunzigjährigen Vaters. Man muß hören, wie sie sich in reinstem småländischen Dialekt – zärtlich und kameradschaftlich – mit ihm über das, was ihn interessiert, unterhält. Er ist selbst ein Erzähler mit gutem Gedächtnis gewesen ..., und Astrid Lindgren hat viel Material für ihre Bücher von ihm erhalten."[30] Als Vater Samuel August seinen siebzigsten Geburtstag feierte, sollte er zum ersten Mal in seinem Leben eine Flasche Wein kaufen. Selbst Mutter Hanna, die niemals mit Alkohol in Berührung gekommen war, meinte: „Es ist ja richtig lustig, ein bißchen beschwipst zu sein."

## Sie teilten Freude und Leid

Die Ericsson-Kinder wuchsen in einer Großfamilie auf, zusammen mit dem Gesinde. Viele Begebenheiten jener Zeit finden sich in den Erzählungen von Astrid Lindgren wieder. Die Knechte und Mägde konnten meist keine eigenen Familien gründen und lebten mit der Bauernfamilie. „Sie teilten Freud und Leid mit der Familie und kamen wohl gar nicht auf den Gedanken, sich ein anderes oder besseres Los zu wünschen als Knechte und Mägde sonst."[31] Damals gab es auch noch die sogenannten Instleute, die an einen Gutshof gebunden waren und dort Gelegenheitsarbeiten verrichteten.

Langeweile stellte sich bei einer solchen Lebensweise kaum ein. Davon sollten erst die Menschen in der Konsumgesellschaft befallen werden. In der freien Zeit besuchte man Verwandte, fuhr auf den Markt nach Vimmerby, bekam in Näs Besuch von Kindern aus der Nachbarschaft. Es kam auch vor, daß Landstreicher auf den Heuböden übernachteten, und das war immer ein Abenteuer für die Kinder. Und dann gab es die „Kaffeeweibsen", über die man raunte, sie hätten vor lauter Kaffeetrinken ihren Verstand verloren, und auch eine „Jungfer Untugendsam", die viele Kinder bekam. Astrid Lindgren hat über ihre Kindertage einige Essays verfaßt, die 1977 auf deutsch unter dem Titel „Das entschwundene Land" erschienen sind. Das Büchlein, das von ihrer einfühlsamen Erzählkunst zeugt, wurde erstaunlicherweise nur wenig beachtet.

Im Jahr 1914 hielt auch auf Näs die moderne Zeit ihren Einzug, eine Stromleitung wurde gelegt. Im gleichen Jahr wurde Astrid in die Schule geschickt. Über die Geschehnisse des Ersten Weltkrieges informierte man sich im Lokalblatt, der „Wimmerby Tidning", um sie dann im Familienkreis zu besprechen. Die düsteren Ereignisse der Weltpolitik blieben fernes dunkles Grollen, die glückliche Kinderzeit wurde dadurch kaum berührt. Die einzige Entbehrung, die die Kinder zu spüren bekamen, war, daß sie keinen Kakao mehr trinken konnten, erinnert sich Astrid Lindgren. Aber trotzdem hat das phantasievolle Mädchen immer wieder über den Krieg nachgegrübelt. Und sogar nachts träumte sie von Soldaten, die auf lehmigen Wegen marschierten und durch Schlamm krochen.

## Ministerpräsident Staaff erhält einen Nasenstüber

Einmal sollte auch ein Hauch schwedischer Geschichte nach Näs wehen. Ministerpräsident Karl Staaff hatte sich in einer Rede gegen größere Ausgaben für die Landesverteidigung angesprochen. Dadurch entstand eine starke Opposition gegen seine Regierung. Der Gutsbesitzer Nyberg rief die Bauern im ganzen Land auf, gegen diese Politik zu demonstrieren. Es versammelten sich 30000 Bauern und zogen nach Stockholm. Die kleine Astrid war davon überzeugt, daß ihr Vater mit seinem blaugelben „Mitgliederausweis Nr. 10364" dafür gesorgt hatte, „daß man diesem Staaff einen Nasenstüber versetzt."[32] Am 6. Februar 1914 empfing König Gustav V. die Bauern auf dem inneren Burghof. Nyberg sagte in einer Rede, daß die Bauern bereit wären, die Lasten der Verteidigung zu tragen. Der König zeigte Verständnis für ihre Forderungen, Staaff erlitt später im Reichstag eine Niederlage und trat zurück. Schwedische Bauern haben sich immer frei gefühlt, gerieten nie in Knechtschaft , weder durch Könige noch durch Ritter. So ist es in diesem Land auch niemals zu Feudalismus und Leibeigenschaft gekommen.

Alle Ericsson-Kinder von Näs besuchten die Schule in Vimmerby, einen großen roten Ziegelbau aus dem Jahr 1905. Über dem Eingang stand: „Gottesfurcht, Ordnung und Fleiß". In der Schule lernte Astrid ihre beste Freundin Anne-Marie kennen. Daraus wurde eine lebenslange Freundschaft. Anne-Marie war die Tochter des Bankdirektors und bewohnte eine vornehme Villa. Von ihr hat Astrid gelernt, wie man sich bei Raufereien zur Wehr setzt. Das war wichtig, denn die Mädchen wollten den Buben in nichts nachstehen. Sie wollten ebenso mutig, stark und tüchtig sein und wie diese springen und klettern können. „Als Kind muß ich recht gelenkig und tollkühn gewesen sein. Genau wie Madita hatte ich den Kopf voller Einfälle, genau wie sie balancierte ich gerne auf Hausdächern herum."[33]

Astrid war eine gute Schülerin, aber gewiß keine Streberin. Wie eine heißhungrige Leseratte verschlang sie fast alles, was in der Schulbibliothek zu finden war: die Sagen vom Trojanischen Krieg, Robinson Crusoe, Onkel Toms Hütte, die Werke von Jules Vernes, Der Graf von Monte Christo, Die drei Musketiere, Der letzte Mohikaner, Das Dschungelbuch, Die Schatzinsel, Tom Sawyer und Huckleberry Finn. Daneben trieb sie mit ihren Freundinnen jede Menge Schabernack.

## Selma Lagerlöf von Vimmerby

Beliebt war das Spiel, ein Paket an einer Schnur zu befestigen, auf die Straße zu legen und dann selbst hinter einer Hecke zu lauern. Kam ein Spaziergänger vorbei und wollte sich nach dem Paket bücken, zog man es ihm schwuppdiwupp vor der Nase weg. Hin und wieder gab er für Astrid Ermahnungen wegen ihres ausgelassenen Benehmens. Ihre besten Noten hatte sie in Schwedisch. Sie schrieb so gute Aufsätze, daß sie sogar in einer Zeitschrift von Vimmerby abgedruckt wurden. Da gab man ihr etwas spöttisch den Spitznamen „Selma Lagerlöf von Vimmerby", und sie faßte den „unwiderruflichen Entschluß", niemals Schriftstellerin zu werden. 1923 bestand sie mit guten Noten die Abschlußprüfung der Mittelschule.[34]

Selma Lagerlöf wurde durch „Die Wunderbare Reise des kleinen Nils Holgersson mit den Wildgänsen" weltbekannt. Im Grunde ist es ein Schulbuch, das schwedischen Kindern die Geographie und Geschichte ihres Landes nahebringen sollte. Der Hintergrund der Erzählung ist moralisierend und pädagogisch, im typischen Lehrbuchstil verfaßt. Weil Nils faul und ungehorsam war und sich noch dazu weigerte, in die Kirche zu gehen, wurde er zur Strafe in einen Däumling verwandelt und mußte sich auf eine Bildungsreise begeben. Für Kinder außerhalb Schwedens wurde die Reise auf dem Rücken des großen weißen Gänserich „Akka von Kebnekajse" zum Inbegriff der Befreiung aus den Zwängen der Erwachsenenwelt. „Für Selma Lagerlöf war dieses Ereignis vermutlich die Versinnbildlichung ihres Freiheitsdranges fort von der Isolierung der Familie und deren gutgemeinter Unterdrückung; auf den Flügeln des Pegasus sollte sie sich selbst in die Freiheit erheben."[35] Ihr ging es besonders um eine Synthese von Märchenhaftem und Wirklichem, vom Glauben an die Macht des Guten und dem Wissen um die existentielle Gefährdung des Menschen. Selma Lagerlöf hat bekanntlich 1909 als erste Frau den Nobelpreis erhalten.

In „Mio, mein Mio" fliegt Bo Vilhelm Olsson „wie ein später Nachkomme von Nils Holgersson"[36] über den Himmel voller Sterne in sein großes Abenteuer hinein. Für den kleinen ungeliebten Jungen ist die Reise durch Tag und Nacht keine Strafe, sondern wird zur Glücksfahrt. Er findet dort seinen Vater, der ihn liebt, einen neuen Freund und ein Pferd, das sich schneller als der Wind bewegt.[37]

## Schwedisch und universell

Auf Astrid Lindgren trifft auch zu, was Paul Valéry über Selma Lagerlöf geschrieben hat – sie sei „spezifisch schwedisch und unwiderlegbar universell". Astrid Lindgren wäre kaum vorstellbar ohne Småland mit seinen weiten geheimnisvollen Wäldern voller Pilze und Beeren, seinen klaren Bächen, seinen 500 Seen und ebenso vielen Inseln. „Das Gefühl des Mädchens vom Lande für Aussaat und Ernte, ihre Kenntnis bäuerlichen und kleinstädtischen Lebens, von Sagen und Sprichwörtern sind in allem, was sie schreibt, zu spüren."[38]

Und umgekehrt ist Småland heute zu einem regelrechten Astrid Lindgren-Land geworden. Viele Reisende sind von Astrid Lindgrens Naturschilderungen angelockt worden.

„Fragt mich jemand nach meiner Kindheitserinnerung, dann gilt mein erster Gedanke nicht den Menschen. Nein, es war die Natur, die alle meine Tage umschloß ... Steine und Bäume standen uns fast so nahe wie lebende Wesen, und es war auch die Natur, die unsere Spiele und Träume hegte und nährte."[39] Die alten småländischen Höfe mit ihren Steinwällen sind heute noch Zeugen, daß es hier früher ein regelrechtes „Steinreich" gab.

Småland, das weite wilde Land, ist auch eine poetische Welt, die zum Träumen einlädt. Vielleicht liegen hier die Wurzeln zu Astrid Lindgrens großer Liebe für Lieder und Lyrik. Gedichte sind immer ein Teil ihres Lebens gewesen. Die ersten Eindrücke stammen aus der Zeit, als die Mutter Psalmen vorsang, wie jeden Abend das Kirchenlied von Lina Sandell-Berg „Breit aus die weiten Schwingen". Und dann auf der Heimfahrt nach Familienfesten saß man eng aneinandergedrückt im Pferdegespann und sang „Wie herrlich ist es zu wandern" oder „So geht ein Tag von unserer Zeit".

In den Gedichten erwacht für Astrid Lindgren vieles wieder zu neuem Leben, das mit den Jahren längst verschwunden schien. Düfte, Laute, Bilder werden ihr durch die Poesie erneut gegenwärtig. So verdichten sich ihre Eindrücke, die Melodie der Wörter bringt ihr die Welt wieder in einen Gleichklang. Sie hat immer eine lebendige Beziehung zur großen Tradition der schwedischen Lyrik gehabt. Viele Gedichte stehen in engem Zusammenhang mit ihren Werken, schreiben Vivi Edström und Marianne Erikson, die Herausgeberinnen des kleinen Bändchen „Astrid Lindgrens Gedichtebaum". Darin finden sich Verse von Erik Blomberg, Gustaf Fröding oder Erik Axel Karlfeldt sowie die melancholische Lyrik von Bo Bergman, Erik Blomberg und Birger Sjöberg.

## Eine kleine Stadt

In Astrids Kindheit spielt die kleine Stadt Vimmerby eine wichtige Rolle. In der „Wimmerby Tidning" vom 12. Juli 1925 schreibt sie: „Liebes, kleines Vimmerby, du bist eigentlich gar keine so schlechte Stadt, um zu dir zurückzukommen, aber Gott bewahre uns davor, hier immer bleiben zu müssen." Als sie am 24. Dezember 1976 in Vimmerby anläßlich der Verleihung eines Kulturpreises aus einem ihrer Bücher las, meinte sie lakonisch: „Endlich wird der Prophet in seiner eigenen Stadt anerkannt." Ihr Sohn Lars chauffierte sie nach der Veranstaltung wieder nach Hause, dabei geriet der Wagen ins Schleudern und prallte an eine Felswand. Astrid Lindgren mußte aus dem Wagen herausgeschweißt und mit Rippenbrüchen und Nackenverletzungen ins Krankenhaus gebracht werden.

Vimmerby liegt in einem 300-Kilometer-Radius von Stockholm, Malmö und Göteberg und ist eine der ältesten Städte Schwedens. Der historischer Stadtkern ist erhalten geblieben mit seinen niedrigen Holzhäusern auf der Storgatan, der Hauptstraße und dem Torget, dem Markt. Es war bereits im Mittelalter ein bekannter Handelsplatz, die Stadtrechte gehen bis auf das 15. Jahrhundert zurück. Zwischen 1182 und 1610 ist es wiederholt von den Dänen gebrandschatzt worden. 1532 hob Gustav Vasa zeitweise das Marktrecht wieder auf. Früher liefen in Vimmerby viele Handelswege zusammen. Seit dem Mittelalter trieben die Bauern an den Markttagen ihr Vieh hierher. Auf den Märkten von Vimmerby hat Michel aus Lönnberga seine ersten erfolgreichen Geschäfte getätigt. Viele Menschen aus der ganzen Welt kommen heute in diese Kleinstadtidylle, weil sie das Småland aus Astrid Lindgrens Büchern mit eigenen Augen sehen wollen.

Die Stadt ist inzwischen fast bis zu ihrem Elternhaus in

Näs hinausgewachsen. Astrid hat das kleine Haus vor über dreißig Jahren ihrem Bruder Gunnar abgekauft und mit wiedererworbenen Bildern und Möbeln von früher versucht, ihre Kindheitswelt wiedererstehen zu lassen. Das Knechthäuschen und Kristines Küche sind verschwunden, der Stall mit dem Heuhaufen ist in den sechziger Jahren abgebrannt. Heute stehen hier moderne Villen. Wenn Astrid hierher kommt, fragt sie sich bisweilen verwundert, wie es möglich war, daß sich die Welt in einem halben Jahrhundert so verändern konnte. Sie lebte in einem Land, daß es nicht mehr gibt. Vimmerby hat Astrid geehrt und die Straßen nördlich der Villengegend nach ihren Büchern benannt. Da gibt es eine Alfred-, Mio-, und Saltkrokangasse, eine Roten Rosen-, Krachmacher-, Bullerbü-, und Astrid Lindgrenstraße. Auf dem Friedhof liegen Astrids Eltern begraben und auch die beiden Brüder Fahlén, die sie zum Märchen von den zwei „Brüdern Löwenherz" inspiriert haben.

## Astrid Lindgrens Värld

Manch suchender Blick hofft heute, Michel aus Lönnberga vor seinem Tischlerschuppen im Gartenhaus zu erspähen. Aufmerksame Leser erinnern sich noch: Als Michel seine kleine Schwester Ida an der Fahnenstange hochzog, konnte sie ganz Lönneberga sehen, aber nicht bis nach Mariannenlund, wie sie es eigentlich wollte. Nahe dem Pfarrhof steht Pippi Langstrumpfs Limonadenbaum. Etwas weiter außerhalb befindet sich Bullerbü, das eigentlich Sevedstorp heißt, im Mittelhof wuchs Vater Samuel August auf. Auch Michels Katthult findet sich hier, dessen wirklicher Name Gibberyd lautet, wo die Filme über die Kinder von Bullerbü und Michel aus Lönneberga gedreht wurden.

Und dann gibt es noch „Astrid Lindgrens Värld". Das

Ganze begann mit einem Leserbrief im „Expressen", in dem drei Verfasser die Frage aufwarfen, warum die „beste Astrid der Welt" nicht durch eine Ausstellung geehrt werden könne. 1981 wurde dann tatsächlich ein Kinderpark eröffnet und ist seitdem ständig gewachsen. Astrid Lindgren selbst meint dazu: „Ich finde, es ist eine sehr schöne und gemütliche Welt geworden, mit Michels Katthult und Pippis Villa Kunterbunt, mit Karlsson vom Dach und den drei Häusern der Bullerbü-Kinder, mit Ronjas Räuberburg und Maditas Birkenlund, ... den Tälern der Brüder Löwenherz, wo im Sommer tatsächlich die Heckenrosen blühen. In dieser Welt ist auch das alte Vimmerby wieder entstanden, ungefähr so, wie ich es von meiner Kindheit her kenne. Da ist der Marktplatz mit seinem Kopfsteinpflaster, das Rathaus, das feine Hotel, die Gasse mit den idyllischen alten Häusern, in einer für Kinder überschaubaren Größe. Ich kann gut verstehen, daß sich hier so viele Kinder und junggebliebene Erwachsene aus aller Welt wohl fühlen."

## Albert Engström, ein schwedischer Wilhelm Busch

Småland hat neben Astrid Lindgren noch einige andere große Künstler hervorgebracht. So war Axel Munthe, der schwedische Arzt und Verfasser der weltbekannten Autobiographie „Der Arzt von San Michele", ein Apothekersohn aus Vimmerby. Auch Albert Engström (1869–1940), der populäre Schriftsteller, Maler und Karikaturist, der in Lönneberga zur Welt kam, war ein echter Smäländer. „Meine Heimat ist das Småländische Hochland, eine Mischung aus wahrer Lieblichkeit und ernstem Granit", schrieb er. Aus dem Elternhaus Engströms hat man ein Heimatmuseum gemacht. Es befindet sich westlich von Eksjö, in Hult, einem alten Bahnstädtchen mit Armen- und Gemeindehaus.

Populär wurde Engströms Figur des zerlumpten, aber selbstbewußten Hafenarbeiters Kolingen, die er für das von ihm 1897 gegründete Witzblatt „Strix" zeichnete und kommentierte. Kolingen verkörpert den typischen Stockholmer, der seinen Eigensinn auch unter der größten Armut nicht verlieren kann. Als Angeklagter wurde Kolingen einmal vom Richter nach seinem Beruf befragt und antwortete: „Ich habe keinen. Ich streike." Und als die Justiz ihn darauf hinwies, daß zur Zeit gar kein Streik liefe, erwiderte er selbstbewußt: „Das ist mir egal. Ich streike allein." Schon sprichwörtlich wurde Engströms Geschichte von der Beerdigung, auf der die Hinterbliebenen den Pfarrer aufforderten, sich noch etwas vom Gebäck zu nehmen: „Langen sie nur zu, Herr Pfarrer, das hat die Leiche noch selbst gebacken."

Im deutschen Sprachraum könnte man Engström in etwa mit dem volkstümlichen Humoristen Wilhelm Busch vergleichen. Busch, der sich auch als Maler, Zeichner und Dichter betätigte, war ein Meister der Charakterisierungskunst. Mit seiner Satire gelang es ihm, die Selbstgerechtigkeit, die Scheinmoral und die falsche Frömmigkeit seiner Zeitgenossen zu entlarven. In Engströms Karikaturen zeigt sich ein ähnlich scharfer Blick für das Typische aller Gesellschaftsschichten. Er stellt Priester, Bauern, Politiker und das Seevolk mit eigenwilligem Humor dar, in den sich oft ein etwas ätzender Spott mischt. Durch seine kräftige und malerische Sprache gelang es ihm, das Urtümliche am schwedischen Wesen hervorzuheben.

## Das Armenhaus von Sunnanäng

Mit großem Geschick verstand es Albert Engström, seine erzählerische Technik dem Inhalt seiner Geschichten anzupassen. Dies kommt unter anderem in seiner Buch „Adel,

Priester, Schmuggler und Bauern" von 1923 oder im „Lesebuch für das schwedische Volk" von 1938 zum Ausdruck. Seine Volkstypen verkörpern ein Schwedentum, dessen Wurzeln bis tief in die urheidnische Zeit reichen. Das zeigte sich in manchen heidnischen Bräuchen, in denen das uralte nordische Recht weiterlebte und damit ständig im Konflikt zu vielen Forderungen des Christentums stand.

3.1.56: Albert Engström wurde Mitglied der Schwedischen Akademie, der sogenannten „Gruppe der Achtzehn". Er ist mit Astrid Lindgren über Ida Ingström, ihre Großmutter väterlicherseits, verwandt. Zu einigen Geschichten von Astrid Lindgren finden sich auch Parallelen in Engströms Werk. Margareta Strömstedt meint, diese Ähnlichkeiten seien natürlich, weil beide Schriftsteller in einer ähnlichen Erlebniswelt aufgewachsen und in den Familien gleichlautende Geschichten zum besten gegeben worden seien. Bei beiden sind auch manche Motive aus dem småländischen Volksgut eingeflossen.

Das Armenhaus, in das Michel aus Lönneberga mit einem Weihnachtskorb voller Köstlichkeiten geht, ist dem Armenhaus von Sunnanäng ähnlich, zu dem der kleine Albert unterwegs war, um den Armenhäuslern ebenfalls weihnachtliche Leckerbissen zu bringen. Es ist schief gebaut, hat zwei Räume im Erdgeschoß und ein Stockwerk darüber. Albert sieht die alten Menschen, die ihm mit ihren verschlissenen Kleidern wie ein Lumpenhaufen vorkommen.[40] Astrid Lindgren beschreibt das Armenhaus als „eine häßliche alte Hütte mit einigen Zimmern, voll mit armen, verbrauchten alten Menschen, die dort zusammen wohnen – in einem Durcheinander von Dreck und Schmutz und Läusen und Hunger und Elend."[41]

## Bauern ziehen übers Meer

Gemeinsam mit Albert Engström und Astrid Lindgren bewegt sich auch Vilhelm Moberg in der småländischen Erzählertradition; die meisten seiner Gestalten haben småländische Wurzeln. Bei Moberg finden sich epische Naturschilderungen, in fast allen Geschichten spielen Wälder eine wichtige Rolle. Am bekanntesten wurden seine Bücher über die Auswanderer nach den USA „Bauern ziehen übers Meer" (1949) und „Neue Heimat in fernem Land" (1952).

Vilhelm Moberg (1898–1973) wurde in dem kleinen Flekken Algutsboda geboren. Seine Kindheitserinnerungen wurden zu einem bestimmenden Element seiner Bücher. Es war eine ärmliche und unfruchtbare Region, deren Boden die Leute nicht mehr ernähren konnte, weshalb besonders viele der schwedischen Amerika-Auswanderer aus dieser Gegend stammten. Mobergs literarische Welt setzte sich aus dem mythischen Värend, das auf das mittelalterliche Verenda zurückgeht, und dem wirklichen Småland zusammen. Sein ganzes Leben wurde von der Sehnsucht nach einem Zuhause und dem Drang nach Freiheit bestimmt – eine Polarität, die auch bei Astrid Lindgren eine große Rolle spielt.

Ähnlich wie sie verbrachte er den größten Teil seines Lebens in Stockholm.

Auch bei Pippi Langstrumpf findet man typisch småländische Züge, nämlich in ihren vielen Lügengeschichten. Noch heute sind die „småländischen Lügenbarone" geradezu sprichwörtlich. In jüngster Zeit hat man hier versucht, die längste Bank der Welt zu zimmern, ganze 72 Meter lang. „Manchmal genügt es wohl, Småländer zu sein, um Erfolg zu haben. Unbegreiflich. Vor allem wenn man bedenkt, daß der Nachwuchs hier aus Bullerbükindern, schweinehütenden Lausebengeln, Räubertöchtern und kleinen Mädchen, die Pferde stemmen, besteht. Natürlich wohnen sie alle in roten Holzhäuschen. Das sieht man in jedem Touristenprospekt. Offenbar wurde jeder Tropfen der in Schweden hergestellten roten Faulfarbe in Småland verbraucht ... Auch alle schwedischen Steine wurden offenbar in Småland gesammelt und mehr oder weniger kunstvoll zu Wällen aufgebaut, die als Hofeinfriedung dienen", schreibt Thomas Jönsson in einer Schrift über Småland und fährt fort, die Småländer seien auch der Meinung, sie hätten das Schnapsglas und die Wäscheklammer erfunden. „Nur Småland haben wir es zu verdanken, daß unsere Wäsche nicht von der Leine flattert."

## Ellen Key und das Jahrhundert des Kindes

Nach dem Mittelschulexamen 1923 erhielt Astrid Lindgren zunächst eine Anstellung von monatlich sechzig Kronen in der „Wimmerby Tidning". Ihre Aufgabe bestand darin, Notizen zu sammeln, Korrektur zu lesen und kleine Reportagen zu verfassen. Zur Bestürzung ihrer Eltern schnitt sie sich die Haare, um wie Greta Garbo im Film „Gösta Berling" auszusehen. Als sie mit ihrem Bubikopf in Vimmerby unterwegs war, baten Passanten sie, ihren Hut abzunehmen, um ihre ungewöhnliche Frisur anzuschauen. Astrid Lindgren meint, sie sei damals verrückt nach Jazz gewesen und habe unter ihrem kurzen Haar keinen einzigen vernünftigen Gedanken gehabt.[42]

Im Sommer 1925 machte sie gemeinsam mit Freundinnen eine Fußwanderung nach Östergotland. Unter der Rubrik „Auf der Walz" (På luffen) kann man über ihre Erlebnisse in einer Juliwoche nachlesen. Sie besuchte das Gut „Strand" der bekannten schwedischen Schriftstellerin und Pädagogin Ellen Key (1849–1926) bei Alvastra am Vättersee.

Ellen Key hatte 1889 mit ihrem Vortrag über die Meinungsfreiheit in Schweden große Aufmerksamkeit erweckt. Sie engagierte sich für die Frauenbewegung und forderte in der Zeitschrift „Mißbrauchte Frauenkraft", daß die Frauen nicht ihre mütterliche Natur unterdrücken sollten. Damit entfachte sie bei vielen emanzipierten Frauen einen wahren Sturm der Entrüstung. 1898 erschien ihre Schrift „Frauenpsychologie und weibliche Logik." Kurz vor dem Ersten Weltkrieg schrieb Key, daß sich Frauen mit ihrer Mütterlichkeit an die Spitze der Friedensbewegungen stellen sollten.

Internationales Aufsehen erregte sie wieder mit ihrem 1900 entstandenen Werk „Das Jahrhundert des Kindes", das damals schon in elf Sprachen übersetzt worden ist. Darin setzte sie sich leidenschaftlich für eine kindgemäße Erziehung ein, für einen Bildungsweg, der dem Wesen der Frau entspricht, für das Recht auf Mutterschaft und einen umfassenden gesetzlichen Schutz für Frauen und Kinder. Ihre von Rousseau beeinflußte Vorstellung, daß bereits Kinder beginnen sollten, ihre Begabungen möglichst eigenständig zu entwickeln, sind Vorläufer der Selbstverwirklichungsideen und der individualistischen Weltsicht der 68er-Bewegung. Auch „Das Jahrhundert des Kindes" löste starke Gegenreaktionen aus. 1902 verfaßte Vitalis Nordström eine Streitschrift mit dem eigenartigen Titel „Ellen Keys Drittes Reich. Eine Studie des Radikalismus".

## Dieser Tag ein Leben

Ellen Key war während dreißig Jahren eine der bedeutendsten Meinungsmacherinnen in Schweden und eine geistige Vorkämpferin für ethische und ästhetische Bildungsideale. Sie übte auch großen Einfluß auf die deutsche Jugend aus, auf die Intellektuellen wie auf die Arbeiterschaft. „Das Jahrhundert des Kindes" wurde zum Schlagwort, denn zu jener Zeit begann in allen Kulturländern das Bewußtsein für die Belange der Kinder zu wachsen, das das ganze 20. Jahrhundert prägen sollte. Ellen Keys Haus „Strand" galt damals geradezu als Wallfahrtsstätte für Bewunderer und Hilfesuchende. Da sie zeitlebens starke Sympathien für die Sache der Arbeiterbewegung hegte, verfügte sie, daß nach ihrem Tode aus ihrem Haus ein Heim für Arbeiterinnen werden sollte.

Am 15. Juli 1925 kam es zu einem denkwürdigen Zusammentreffen zwischen der Verfasserin des „Jahrhunderts des Kindes" und der späteren Schöpferin des „Kindes des Jahrhunderts", zweier Frauen, die Schwedens öffentliche Meinung stark beeinflußt haben. Astrid Lindgren war mit ihren Freundinnen neugierig um das Haus gestrichen, als Ellen Key plötzlich unfrisiert und nur halb angezogen auf dem Balkon erschienen war und die Gruppe barsch zurechtgewiesen hatte. Als ihr großer Bernhardiner eines der Mädchen ins Bein biß, bat ihre Haushälterin Malin die Freundinnen in die Eingangshalle, um die Bißwunden zu verbinden. Plötzlich kam Ellen Key die Treppe herunter und forderte ausgerechnet die verdutzte Astrid auf, ihr das Unterkleid zuzuknöpfen. In diesem Raum fiel Astrid ein Zitat des schwedischen Autors Thorhild aus dem späten 18. Jahrhundert auf: „Dieser Tag ein Leben." [43]

Diese Bilder müssen sich unauslöschlich in Astrid Lindgrens Gedächtnis eingeprägt haben. In ihrem Buch „Saltkrokan", in dem ein Mädchen namens Malin und ein großer Bernhardiner vorkommen, findet sich die folgende, fast schon philosophisch anmutende Stelle. Vater Melcher liest seinen Kindern aus einem Buch vor: „›Dieser Tag ein Leben‹ – und das bedeutet, man soll gerade an diesem Tag so leben, als hätte man nur diesen einen. Man soll auf jeden einzigen Augenblick achtgeben und spüren, daß man wirklich lebt.‹

›Und da findest du, ich soll mich hinstellen und abwaschen‹, sagte Niklas vorwurfsvoll zu Malin. ›Weshalb nicht‹, antwortete Melcher darauf. ›Zu merken, daß man etwas ausrichtet, etwas mit seinen eigenen Händen tut, so etwas steigert ja gerade das Lebensgefühl.‹"[44]

## Aufbruch nach Stockholm

Im Jahr 1926 fand Astrid Lindgrens unbeschwerte Jugendzeit ein rasches Ende, denn sie erwartete ein Kind. Ein uneheliches Kind zu bekommen, das war für Vimmerby mit seinen typisch kleinstädtisch moralisierenden Klatschgewohnheiten ein regelrechter Skandal. Astrid Lindgren glaubt, daß die Leute befürchteten, dieses „Unglück" könnte der Stadt mehr schaden als der Verlust der Marktrechte unter Gustav Vasa. Daher wollte sie fort, um aus diesem Kleinstadtmilieu herauszukommen, und entschied sich, nach Stockholm zu ziehen. Den Vater ihres Kindes wollte sie nicht heiraten.

Sie war sich mit ihren Eltern einig, daß eine Ehe zwischen „zwei Unglücklichen" wenig Sinn mache. „Eigentlich war meine Jugendzeit sehr lustig, nur endete sie damit, daß ich mit achtzehn schwanger wurde. Das war mit sehr viel Schmerz verbunden, denn ich habe Kinder sehr gern, und meinen eigenen Sohn konnte ich in den ersten Jahren nicht bei mir haben: Eine Pflegemutter kümmerte sich um ihn, während ich in Stockholm eine Ausbildung als Sekretärin machte. Das Problem war, daß ich ihn nicht von Anfang an bei mir haben konnte und mich immer, immer nach ihm sehnte."[45]

In ihrer ersten Stockholmer Zeit lernte sie Stenografie und Schreibmaschine – eine Ausbildung, die ihr später noch sehr zugute kommen sollte. Die Rechtsanwältin Eva Andén, die sich für unverheiratete Mütter einsetzte, unterstützte sie in ihrem Wunsch, für die Geburt ihres Kindes nach Dänemark zu gehen. In Kopenhagen gab es das einzige Krankenhaus in Skandinavien, in dem man Kinder zur Welt bringen konnte, ohne daß sie automatisch von den Behörden registriert wurden. Im Spital half man Astrid Lindgren auch, gute Pflegeeltern für ihren Sohn Lars zu finden, den sie meist zärtlich Lasse nennt. Für sie selbst, die sehr knapp bei Kasse war, wurde das eine schwere Zeit. Sie fuhr mit ihrer Ausbildung fort und versuchte, so oft wie möglich ihren kleinen Sohn in Dänemark zu besuchen. Ihr ganzes Trachten und Streben ging dahin, den Jungen möglichst bald zu sich holen zu können.

## Ein heimlicher Urlaub und seine Folgen

Nach einem vergeblichen Versuch, Arbeit zu finden, wurde Astrid Lindgren von Torsten Lindfors, dem Vater der bekannten Filmschauspielerin Viveca Lindfors, in der Radioabteilung der „Schwedischen Buchhandelszentrale" angestellt. Ihre Vorgängerin war Zarah Leander gewesen. Weder ihre Kollegen noch ihre Vorgesetzen ahnten irgend etwas von Astrids Schwierigkeiten. Als sie einmal ihren Sohn besuchen wollte, obwohl Lindfors verreist war, blieb ihr nichts anderes übrig, als ohne Erlaubnis nach Kopenhagen zu fahren. Doch das Unglück wollte es, daß sie ausgerechnet zwei ihrer Vorgesetzten auf der Straße begegnen mußte. Daraufhin wurde sie sofort entlassen. Torsten Lindfors, der die Fähigkeiten seiner jungen Angestellten zu schätzen wußte, konnte ihr 1928 gelegentliche Arbeiten beim „Königlichen Automobilklub" (KAK) vermitteln.

Im Rückblick erscheinen Zufälle im Leben oft wie sinnvolle Zusammenhänge, so als gäbe es einen roten Faden, der Ereignisse zu einem folgerichtigen Geschehen zusammenfügt. Astrid Lindgrens neuer Vorgesetzter im „Königlichen Automobilklub", Sture Lindgren, ließ sich wohl kaum träumen, daß der Name Lindgren durch seine spätere Heirat mit der sechsundzwanzigjährigen Astrid Ericsson einmal unsterblich werden sollte. Astrid wohnte zu dieser Zeit mit einer Freundin zusammen, hatte wenig zu essen und freute sich schon auf die regelmäßigen „Freßpakete" aus Näs.

Im Dezember 1929 wurde Lasses Pflegemutter herzkrank, und der Junge mußte vorübergehend in einem Heim untergebracht werden, bis Astrid ihr Kind kurzentschlossen zu sich nach Stockholm holte. Nun nahm sich die Zimmerwirtin des Jungen an, während Astrid weiter zur Arbeit ging. Großmutter Hanna aber hielt diese Form des Zusammenlebens für keine gute Lösung. So fuhr Astrid 1930 mit Lasse nach Vimmerby, wo sich die Klatschwogen in der Zwischenzeit wieder gelegt hatten. Es war für sie beruhigend zu wissen, daß ihr Sohn bei den Großeltern, den Tanten und Onkeln auf Näs umhegt und umsorgt wurde, so daß es ihm an nichts fehlte. Lasse konnte, wenn auch nur für kurze Zeit, ähnlich wie seine Mutter die ungebrochene Geborgenheit einer Großfamilie erfahren. Astrid, die sich mit Sture verlobt hatte, kehrte in diesem Jahr für einen Sommermonat nochmals nach Näs zurück. Sie wollte bei Lasse sein und sollte von der Mutter noch den letzten hausfraulichen Schliff bekommen.

## Auf der Seite der Kinder

Im Jahr 1931 heiratete sie Sture, und das Paar bezog eine Zweizimmerwohnung in der Vulcanusgatan. Sture war 1898 in Malmö als Sohn eines Zollbeamten geboren worden. Er war ein großzügiger und humorvoller Mann, den Astrid liebgewonnen hatte. Verliebtheit, wie sie die meisten Menschen erfahren, hat sie nie erlebt und auch nicht vermißt. Bei ihr gab es nur kurze Seufzer, wie sie selbst sagt. Endlich konnte sie ihren Lasse ganz bei sich haben, und zugleich bot sich die Möglichkeit, zu Hause für das Tourenbuch des Automobilklubs Beiträge zu schreiben. Im Frühjahr 1934 wurde ihre Tochter Karin geboren. Astrid genoß ihr Mutterglück aus vollem Herzen, was ihr bei Lasse durch die Umstände verwehrt geblieben war. Diese Empfindungen hat sie später in ihre „Kati-Bücher" einfließen lassen. „Der dritte Band endet, wie Kati ihren Sohn im Arm hält. Das war eine Liebeserklärung ..."[45]

Mit ihren beiden Kindern kehrte auch ihre eigene Spielfreude zurück. Lasse meinte später, sie sei nicht wie andere Mütter unbeteiligt auf einer Bank gesessen, um ihre spielenden Kinder zu beobachten, sondern habe sich selbst begeistert an den Spielen beteiligt. Sie kletterte mit ihren Kindern auf Bäume und erzählte ihnen Geschichten. Von 1937 an arbeitete sie gelegentlich als Sekretärin bei Harry Söderman, einem Dozenten für Kriminologie an der Stockholmer Universität. Hier wurde sie mit der Terminologie der Kriminalistik vertraut, die sich später in den „Blomquist-Krimis" wiederfindet.

Als der dreizehnjährige Lars für die Schule einen Vortrag über die Revolte der Jugend halten mußte, half ihm seine Mutter bei der Vorbereitung. Was Astrid Lindgren dabei für Lasse über das Los der Kinder aufgeschrieben hat, wird zum Tenor ihres ganzes Werk werden: Sie wird stets auf der Seite der Kinder stehen. Ihre Ausführungen werden am 7.12.1939 als Leserbrief in der Stockholmer Tageszeitung „Dagens Nyheter" veröffentlicht:

„Nein, es ist nicht leicht, Kind zu sein! Es ist schwer, ungeheuer schwer. Was bedeutet es denn, Kind zu sein? Es bedeutet, daß man ins Bett gehen, aufstehen muß, ... wenn es den Großen paßt, nicht wenn man es selbst möchte. Es bedeutet ..., daß man ohne mit der Wimper zu zucken in den Milchladen rennen muß, ... obwohl man sich's gerade mit einem dicken Buch gemütlich gemacht hat ... Ich habe mich oft gefragt, was passieren würde, wenn man anfinge, die Großen in dieser Art zu behandeln." Diesen Brief hat die Redaktion mit A. L. unterzeichnet und in Klammern L IV hinzugefügt. Man wollte wohl den Anschein erwecken, diese Zeilen stammten aus der Feder eines Schülers.[47]

## Im Zweiten Weltkrieg

Am 1. September greift Hitler 1939 Polen an, und Großbritannien und Frankreich antworten zwei Tage später mit einer Kriegserklärung. Der Zweite Weltkrieg bricht aus. Astrid Lindgren führt nun regelmäßig ein Tagebuch. Sie verfolgt aufmerksam, welche Auswirkungen das politische Weltgeschehen auf die Menschen hat und sammelt Zeitungsausschnitte. Am 2. September trägt sie ein: „Das Urteil der Geschichte über Adolf Hitler muß furchtbar ausfallen, wenn es zu einem neuen Weltkrieg kommt."[48] Im April 1940 wird Sture vom Militär zu einer Grundausbildung eingezogen. Zwei Monate nach der Besetzung Dänemarks und Norwegens durch deutsche Truppen erläßt die Regierung am 12. Juni 1940 ein Zensurgesetz, das in dem freiheitsliebenden Land viele Proteste auslöst.

Im Rahmen dieses Erlasses bekommt Astrid Lindgren im gleichen Sommer eine Anstellung bei der Briefzensur des Nachrichtendienstes in der Bryggaregatan. Kritiker sehen im Herumschnüffeln in anderer Leute Post fast schon eine „Schmutzarbeit". Briefe der Soldaten aus Finnland mit militärischen Geheimnissen werden zurückgeschickt. Astrid gewinnt so einen Einblick in politische Zusammenhänge und entwickelt eine heftige Abscheu gegen Hitler und den

Nationalsozialismus wie auch gegen Stalin und den Bolschewismus. Die beiden menschenverachtenden Systeme erscheinen ihr wie riesige Ungetüme, die aufeinander losgehen. Dieses Bild findet sich in ihrem Heldensagen-Roman „Die Brüder Löwenherz" wieder.

Gemeinsam mit ihrer Freundin Anne-Marie Fries, dem Vorbild für Madita, muß sie unterschreiben, nicht über ihre Arbeit zu sprechen. „Alle mußten wir schwören, daß wir kein einziges Wort weitererzählen würden. Aber heute wage ich es doch." In den Briefen der Einberufenen an ihre Frauen oder Verlobten erfährt man, was sich die „Kerle" erwarteten, wenn sie wieder nach Hause kommen würden. Trotz der Schrecknisse des Krieges gab es bei dieser Behörde doch auch einiges zu lachen. „Ein einziges Mal bekam ich bei der Zensur richtigen Kaffee. Das machte uns fast so trunken wie später die Friedensbotschaft." [49]

Das befreiende Gefühl des Kriegsendes erlebt Astrid Lindgren mitten in Stockholm zusammen mit ihrer elfjährigen Tochter Karin. In dieser Zeit lag sie einmal eine ganze Nacht wach und weinte, nachdem sie „Im Westen nichts Neues" von Erich Maria Remarque gelesen hatte, worin dieser seine Erlebnisse an der Front von 1916–1918 schildert. Und sie malt sich aus, wenn jemals wieder eine Kriegsgefahr heraufziehen sollte, dann würde sie auf Knien bis zum Reichstag kriechen und die Regierung anflehen, sich nicht daran zu beteiligen.

Im Oktober 1941 bezieht die vierköpfige Familie Lindgren die große Wohnung an der Dalagatan 46, in der die Schriftstellerin bis zum heutigen Tage lebt. Sture wird der Direktor im „Reichsverband der Kraftfahrer", und von nun an haben die Lindgrens keine finanziellen Sorgen mehr. Im Sommer wohnt man gemeinsam mit Stures Eltern auf Furusund. Astrid Lindgren lernt nun ein Milieu kennen, das sie später in „Ferien auf Saltkrokan" beschrieben hat. Ihre beiden Kinder können hier nach Herzenslust herumtoben. Nach dem Tod ihrer Schwiegermutter 1947 übernimmt sie das rot-weiße Haus mit der Glasdach-Veranda. In den folgenden Jahren unternimmt Astrid Lindgren zahlreiche Reisen nach England, in die USA, nach Deutschland und in die UdSSR zu Lesungen, Kongressen oder Preisverleihungen.

## Licht und Schatten

Seit Beginn der fünfziger Jahren legen sich immer wieder dunkle Schatten über ihr Familienleben. 1950 erkrankt ihr Mann schwer. Ähnlich wie bei der kurzen Krankheit ihres Vaters Samuel August denkt sie in dieser Zeit immer wieder über die Zerbrechlichkeit der Famile nach und ist voller Sorge um ihren Mann. Sture stirbt im Juni 1952 mit erst dreiundfünfzig Jahren an einer inneren Blutung. Astrid selbst ist damals erst fünfundvierzig Jahre alt. 1961 verliert sie ihre Mutter Hanna und 1969 ihren Vater Samuel August Ericsson.

Fünf Jahre später geht auch ihr Bruder Gunnar von ihr, der erste „Sachensucher", der ihr immer sehr nahegestanden hatte. Und 1986 erliegt ihr Sohn Lars mit sechzig Jahren einem Hirntumor. Sie hat nie aufgehört, um ihn zu trauern. Astrid Lindgren meint, Tränen würden Trauer und Schmerz lindern.

Als Trost und Freude blieben Astrid Lindgren die Tochter Karin, die sieben Enkel und vielen Urenkel. Ihre Freundin Elsa Olenius schildert Astrid als die beste Freundin und Spielgefährtin dieser kleinen Schar. An den Geburtstagen der Kinder ist sie die treue „Hexe", die herumkutschiert und zaubert. „Ich würde auch gerne dabei sein, wenn sie an einem Herbstabend, wie jedes Jahr, mit ihren Enkelkindern im Wald spazierengeht, mit einer Taschenlampe zwischen die Bäume und Büsche leuchtet und den Lauten der Natur lauscht. Alle gehen dann ganz leise in einer langen Reihe und erleben Geheimnisse und Wunder in der Weite der Landschaft.“ [50]

## Zwiegespräch mit einem Kinderbuchautor

Astrid Lindgren hatte auch ihre Arbeit bei Rabén & Sjören, wo sie von 1946 bis 1970 die Kinder- und Jugendbuchabteilung leitete. Marianne Eriksson erinnert sich gerne an diese Zeit: „Eigentlich waren damals nur wir beide in der Kinderbuchabteilung. Ich übernahm die technische Arbeit, Astrid pflegte die Kontakte zu den Autoren. Sie arbeitete hart, deshalb hatte sie auch die Fähigkeit, anderen Verfassern zu helfen, sie zu kritisieren und sie zu ermutigen. Sie setzte sich sehr für die Qualität der Kinderbücher ein.“ War sie dann doch gezwungen, Bücher abzulehnen, speiste sie die Autoren niemals mit Allgemeinplätzen ab, sondern gab ihnen wertvolle und wohlwollende Ratschläge.

In ihrem Essay „Kleines Zwiegespräch mit einem künftigen Kinderbuchautor“ gibt Astrid Lindgren eine ironische Anweisung für schlechte Kinderbücher. Am wichtigsten sei es, beim Schreiben an die kleinen Leser zu denken. „Viele, die für Kinder schreiben, zwinkern verschmitzt einem gedachten Leser zu, die blinzeln Einverständnis mit dem Erwachsenen und übergehen das Kind. Bitte, tu das nicht – niemals, wirklich niemals! Denn es ist eine Unverschämtheit dem Kind gegenüber, das dein Buch kaufen und lesen soll.“ [51]

Auch in gesellschaftlichen und politischen Belangen meldete sich Astrid Lindgren immer wieder zu Wort. Sie hatte von zu Hause ein soziales Bewußtsein und ein Mitgefühl für Benachteiligte mitbekommen. Sie warnte vor den Gefahren der Kernkraft, trat gegen Kindesmißhandlung auf den Plan.

Astrid Lindgren setzte sich auch dafür ein, daß die typisch schwedischen Flechtzäune erhalten bleiben sollten, und wandte sich gegen die Massenviehhaltung. Schlagzeilen machte sie mit ihrem Kampf gegen überhöhte Steuern. Alles hatte damit begonnen, daß im Januar 1976 bei einer Probe von Strindbergs „Totentanz" plötzlich die Polizei erschien und den Regisseur Ingmar Bergman abführte, um ihn vor einen Untersuchungsausschuß für Steuerfragen zu bringen.

Gleichzeitig durchsuchten die Steuerfahnder sein Haus und das seines Anwalts. Dabei beschlagnahmten die Beamten verschiedene Unterlagen. Sie waren damals befugt, ohne Voranmeldung Büros zu betreten und ohne richterlichen Befehl Wohnungen zu durchsuchen. Die Steuerfahnder konnten sich auch ohne weiters Einblick in Privatkonten verschaffen. Bergman wurde dann schließlich nach einer amtlichen Untersuchung freigesprochen und erhielt sogar eine Steuerrückzahlung. Der Fall erregte großes Aufsehen in den Medien. Ministerpräsident Olof Palme entschuldigte sich persönlich bei dem weltbekannten Künstler.

## Pippi hebt eine Regierung aus dem Sattel

Doch der erzürnte Bergman ließ sich nicht beschwichtigen. Er griff die Sozialdemokraten vehement wegen ihrer „Ideologie des Kompromisses" an. Sie priesen zwar die Vorzüge der kostspieligen sozialen Reformen, übersähen dabei aber die zerstörerischen Auswüchse der Bürokratie. Ingmar Bergman gab bekannt, daß er sich nach der „fast unerträglichen Demütigung" im Ausland, in München niederlassen wollte. Kurz nach der Bergman-Affäre erfuhr Astrid Lindgren, daß sie dem Finanzamt vom zusätzlichen Einkommen 102 Prozent Steuern zahlen sollte.

Im Herbst 1976 ging die Nachricht um die Welt, daß

Schwedens berühmteste Kinderbuchautorin maßgeblich am Sturz der Sozialdemokraten – nach vierzigjähriger Regierungszeit – beteiligt gewesen sei. Manche verglichen ihre Kraft, eine ganze Regierung aus dem Sattel zu heben, mit der Stärke der Pippi Langstrumpf, die, weil sie auf der Veranda ihrer „Villa Kunterbunt" Kaffee trinken wollte, einfach ihr Pferd in den Garten hob. Astrid Lindgren hatte nie versucht, in den Genuß irgendwelcher Steuerabschreibungen zu gelangen. Gelegentlich hat sie sogar gesagt, daß sie gerne Steuern zahle. Zunächst hatte sie noch geglaubt, daß ihr von ihrem Zwei-Millionen-Einkommen (damals annähernd 1,2 Millionen DM) nach Abzug der Steuern noch 5000 Kronen übrigbleiben würden. Dann aber ließ die Steuerbehörde sie wissen, daß sie dem Staat 2020000 Kronen schulde.

Diese absurde Forderung war die Folge falscher Berechnungen. Astrid Lindgren wurde vom Effekt der Marginalsteuer getroffen, der die gesamten Steuern einschließlich Sozialabgaben so hoch ansteigen ließ. Im März 1976, sechs Monate vor den Wahlen, erschien im „Expressen" ihre Geschichte über das Land Monsimanien und die Hexe Pomperipossa, deren Nase immer länger wurde, je mehr man sie um ihr Geld prellte. Pomperipossa liebte ihr Land und war von tiefem Respekt vor den weisen Männern erfüllt, die eine so gute Gesellschaft geschaffen hatten. Als sie aber den Bescheid des Reichsteuermeisters bekam, rief sie aus: „Du liebe Sozialdemokratie, meiner Jugend schönster Traum, was hast du nur aus uns Menschen gemacht."

Bald geriet Astrid Lindgren zwischen die Fronten: Im Wahlkampf hob die Rechte sie auf ihren Schild, und die sozialdemokratische Presse machte sie zum Hauptfeind der Arbeiterklasse. Als der Finanzminister dem Volk weiszumachen suchte, daß der Pomperipossa-Effekt nur eine „äußerst kleine und bedeutungslose Gruppe von ungenügsamen Spitzenverdienern berühre", griff Astrid Lindgren erneut zur Feder. Sie schrieb einen offenen Brief, der vom „Expressen" abgedruckt wurde: „Ich kann damit beginnen, daß ich den Steuerbescheid eines armen Friseurs zeige, dem von seinem steuerpflichtigen Einkommen von 30000 Kronen 19000 Kronen als Abgaben berechnet wurden ..." Dann warf sie der sozialdemokratischen Partei vor, sie versuche, ihre Macht durch Schleichwege und auf Kosten der persönlichen Freiheit zu festigen. Sie würde die Gesellschaft unerbittlich bürokratisieren, sozialisieren, kollektivieren, schikanieren und kontrollieren. Bis den Bürgern von der Wahlfreiheit nicht mehr übrigbliebe, als zu bestimmen, ob sie täglich sechs oder acht Scheiben Brot essen wollten.

## Zwei kletternde Greisinnen

Später erregte sie mit der Äußerung Aufsehen, sie wolle kein Deutsch in den Schären mehr hören. Man verglich sie sogar mit den fremdenfeindlichen Skinheads. Astrid Lindern meint, dies sei kein „Nationalismus" gewesen, sie möge die Deutschen sehr gerne leiden, aber eben nicht in den Schären. „Ich habe das gesagt, weil viele Deutsche sich für teures Geld Sommerhäuschen in den Schären kaufen, und der Staat den Steuerwert so stark ansteigen läßt, daß viele Schweden, die ihre Häuschen im Familienbesitz haben, sie sich nicht mehr leisten können." [52] Zuletzt hat sich Astrid Lindgren mit anderen Schriftstellern Anfang 1995 gegen den EU-Beitritt Schwedens ausgesprochen.

Noch heute verbringt sie ihre Sommer zu einem großen Teil auf den Inselen nördlich von Stockholm. In dieser Abgeschiedenheit sind viele ihrer Werke entstanden. Beim letzten Kapitel eines Buches wird sie oft wehmütig, weil ihr das Schreiben solche Freude macht. Es ist für sie härteste Arbeit und zugleich das Herrlichste auf der Welt. Bis zum heutigen Tag erledigt sie wichtige Arbeiten am liebsten in ihrem Häuschen in Furusund. Astrid Lindgren ist eine Frühaufsteherin, oft sitzt sie schon morgens um fünf auf ihrem kleinen Balkon mit dem weißen Geländer im ersten Stock.

Früher ist sie viel mit dem Fahrrad herumgefahren. Auf ausgedehnten Spaziergängen hat sie sich viele Geschichten ausgedacht. Noch mit ungefähr siebzig Jahren ist sie mit ihrer Freundin Elsa Olenius um die Wette auf einen Baum geklettert. Der Anlaß war der achtzigste Geburtstag von Elsa Olenius. Den neugierigen Journalisten sagte die Autorin: „Es steht in den zehn Geboten nicht geschrieben, daß Greisinnen nicht auf Bäume klettern dürfen." Eine deutsche Zeitung berichtete damals, Astrid Lindgren sei nun so alt geworden, daß sie nicht mehr gehen könne. Zu ihrer Lieblingsbeschäftigung gehöre es, am Fenster zu sitzen und auf den Vasa-Park zu blicken. Da ließ sie die Zeitung wissen, sie würde ja gerne auf Vasaparken blicken, nur fehle ihr leider die Zeit dazu. Sie sei kürzlich in den USA, in Finnland, Rußland, Polen, Holland, Deutschland, Norwegen gewesen. Nun würde sie noch einmal rasch nach Polen reisen, dann aber bestimmt, den Blick auf Vasaparken gerichtet, zu Hause sitzen.

## Ein småländisches Bauernmädchen

Im Jahr 1987 hat Astrid Lindgren einen Brief an Michail Gorbatschow geschickt und ihm von einem kleinen schwedischen Jungen erzählt, der ihr mit eckigen Buchstaben geschrieben hatte: „Ich habe Angst vor dem Krieg. Du auch?" Sie habe ihm ehrlich geantwortet: „Ja, ich habe Angst. Alle Menschen haben Angst." „Aber ich wollte ihn ja doch ein wenig trösten, und so fügte ich noch etwas hinzu, das hoffentlich wahr ist. Ich schrieb: „Aber weißt Du, es gibt so viele, viele Menschen in allen Ländern der Erde, die den Frieden möchten, die wollen, daß mit allen Kriegen ein für allemal Schluß ist. Und Du wirst sehen, so kommt es schließlich auch. Die Menschen kriegen das, wonach sie sich am meisten sehnen – Frieden auf Erden."

Um Astrid Lindgrens achtzigen Geburtstag herum regneten Preise und Ehrungen wie der Goldregen auf die „Goldmarie" – im Grimmschen Märchen „Frau Holle" – auf Astrid Lindgren herab. Sie erhielt das Ehrendoktorat einer polnischen Universität, den Selma-Lagerlöf-Preis, den Leo-Tolstoi-Preis der Sowjetunion, und wurde in den USA zur „Swede of the Year" gewählt. Sie wurde zu Schwedens „Goldenem Mädchen" erkoren, zur Tierfreundin des Jahres, zu Schwedens meistbewunderter Frau, und es kamen zehn Briefmarken mit Motiven aus ihren Büchern heraus. Mit ihrem Preisgeld von 375000 dänischen Kronen für den Lego-Preis gründete sie die Stiftung „Solkatten", Sonnenkatzen, für behinderte Kinder.

Der 80. Geburtstag wurde zu einem nationalen Ereignis. In den Kinos konnten sich die Kinder kostenlos „Ronja Räubertochter" anschauen. Ihr schwedischer Verlag Rabén & Sjögren hatte über 600 Gäste zu einer Feier geladen, darunter befanden sich der amerikanische und der sowjetische Botschafter, Gregory Newell und Boris Pankin, mit Grüßen ihrer Präsidenten Ronald Reagen und Michail Gorbatschow. Astrid Lindgren erhielt an ihrem Ehrentag, wie die Köngin der Tauben aus „Die Brüder Löwenherz", eine lebende Friedenstaube überreicht. Zu all den Ehrungen meinte sie nur: „Es ist so, als ginge mich das alles nicht an. Ich bin geblieben, was ich schon immer war: Ein Bauernmädchen aus dem småländischen Vimmerby."

# IV.

# Astrid Lindgren und der Aufbruch der schwedischen Kinderliteratur

Der große Aufbruch der schwedischen Kinderliteratur begann vor fünfzig Jahren mit Astrid Lindgrens „Pippi Langstrumpf", die auf Schwedisch „Pippi Långstrump", auf Persisch „Gurab-baland", auf Russisch „Peppi Dlinnyjculok" und auf Japanisch „Ocham-na Pippi" heißt. Heute ist Astrid Lindgren zwischen München und Moskau, zwischen Toronto und Tokio die bekannteste schwedische Autorin. „Ihre Bücher werden in aller Welt gelesen. Die Lappenkinder in ihren Zelten im Norden, die Kinder im indischen Dschungel, in den israelischen Kibbuzen, in amerikanischen Luxusvillen sowie in japanischen Bambushäusern, ja, Kinder aus aller Welt könnten zusammensitzen und sich über den ›Sachensucher‹, über ihr Spiel mit der Polizei, über die Pfiffigkeiten von ›Meisterdektiv Blomquist‹, über ›Karlsson vom Dach‹ und sein Frikadellenessen oder über ›Michel in der Suppenschüssel‹ und seine Streiche amüsieren", schreibt ihre Freundin, die Bibliothekarin Elsa Olenius.[53]

### Die Sprache der Kinder

Mit ihren Büchern, Filmen, Fernsehproduktionen, Theaterstücken, den Musicals, Tonkassetten und Comics, die unter ihrem Namen laufen, hat man Astrid Lindgren als eine Goldader, ja als eine Art „Volvo der Kulturindustrie" bezeichnet. Ihr vielseitiges Werk und ihre mehr als zwanzigjährige Verlegertätigkeit haben das Kinderbuch in diesem

Land seit Jahrzehnten geprägt. Das hohe Niveau der heutigen Jugend- und Bilderbücher in Schweden ist zum großen Teil ihr zu verdanken. Schwedische Kinderbücher sind weltweit gefragt und zu einer begehrten literarischen Exportware geworden. Astrid Lindgren fand, daß es in den Erzählungen für Kinder von „zahmen Eichhörnchen" nur so wimmele, Kinder aber mehr erwarten würden. Auch junge Leser sollten sich unterhalten, sollten lachen und sich aufregen.

Diese Forderung hat sie in ihrem vielseitigen Werk bestimmt erfüllt. Sie hält ihre Leser mit Witz und Ernst, mit Spannung und Mitgefühl gefangen. Astrid Lindgren kann sich ganz ins kindliche Wesen einfühlen, sie spricht die Sprache der Kinder. Oft verstummen die Kleinen beim Spiel, wenn ein Erwachsener sich nähert. Wie der „Kukkuck Lustig" in der gleichnamigen Geschichte, der nur lebendig wird, wenn er mit den Kindern allein ist. Dann verläßt er seine Kuckucksuhr und fliegt munter durchs Kinderzimmer. Kaum betritt die Mutter den Raum, verschwindet er blitzschnell wieder in seiner Uhr und schlägt knallend das Türchen hinter sich zu.

Die Handlung mancher Geschichten ist einfach, aber Astrid Lindgrens Erzählkunst zieht einen in ihren Bann. Sachte öffnet sich ein Tor zwischen dem Paradies des Spiels und der nüchternen Wirklichkeit. Auch der erwachsene Leser wird wieder zu einem „Spielenden". Nach Friedrich Schiller spielt der Mensch nur, wo er in voller Bedeutung des Wortes Mensch ist, und er ist nur da ganz Mensch, wo er spielt. Astrid Lindgrens Register ist groß, sie schwimmt mit den unterschiedlichen Stilen und Stimmungen ihrer Bücher meist gegen den Strom.

## Bescheiden und bieder

Noch im 19. Jahrhundert sollten Kinderbücher in erster Linie eine moralisch-religiöse Einstellung vermitteln und die guten Sitten fördern. Bereits zur Zeit der Reformation hatten große Schichten durch die Verbreitung des Katechismus lesen gelernt; damit war Schweden bahnbrechend. Schon im Jahr 1842 wurde eine sechsjährige gesetzliche Schulpflicht eingeführt, und 1868 erschien das erste Lesebuch für Volksschulen. „Das Jahrhundert des Kindes", von Ellen Key eingeläutet, hatte auch großen Einfluß auf die schwedische Kinderliteratur. Um 1900 kamen erstmals Bücher heraus, die auch der kindlichen Seele entsprachen.

Der erste bedeutende Literat, der in schwedischer Sprache Märchen für Kinder schrieb, war Zacharias Topelius (1818–1898). Mit seinen Märchen stellte er zeitweise sogar H. C. Andersen in den Schatten. Es sind oft arme Kinder, die sich aber freimütig und stolz geben, über die er schreibt. Meist sind sie fähig, aus eigener Kraft ihre Misere zu überwinden. Auch bei Astrid Lindgren finden sich Geschichten, die vom Los der Kinder „in den Tagen der Armut", zur Zeit der schwedischen Hungersnot erzählen. Im „Lesebuch für Kinder" wurden alle Werke von Topelius herausgegeben. „Nicht viele Länder haben ein so vollendetes nationalromantisches Text- und Bilderwerk für Kinder, wie es dieses Werk von Topelius darstellt", schreibt die bekannte schwedische Literaturkritikerin Eva von Zweigbergk.[54]

Bei vielen Märchendichtern jener Zeit ging es um alte Tugenden wie Bescheidenheit und Biederkeit. Kein Wunder, daß die meisten mit dem Einbruch der Moderne in Vergessenheit gerieten. Anna Maria Roos (1862–1938), über die Astrids Schwester Inegerd ein Buch verfaßt hat, bildet hier eine Ausnahme. Roos ist besonders durch ihre melodischen und einfachen Kinderlieder bekannt geblieben, die von Tieren und Blumen oder von der Wachparade vor dem Schloß handeln.

## Eine Önnemo-Stimmung

Wie Selma Lagerlöf wurde Anna Maria Roos gebeten, ein Lesebuch für die Volksschule zu verfassen. In ihren beiden schön illustrierten Lesebüchern „Der Sörgården" und „Önnemo" von 1912 schildert sie das idyllische Landleben der schwedischen Bauernfamilie. Es ist eine behagliche und bescheidene Welt, der schwierige bäuerliche Überlebenskampf bleibt meist ausgespart. Eltern und Kinder, Knechte und Mägde sind zufrieden und verhalten sich den ihnen vorgeschriebenen Rollen gemäß. Die sogenannten „Önnemo-Bücher" erreichten die für damalige Verhältnisse fast unglaubliche Auflage von eineinhalb Millionen Exemplaren. In Astrid Lindgrens „Bullerbü-Büchern" lebt etwas von der anheimelnden Önnemo-Stimmung weiter.

Ein Bilderbuch, das auch der kleinen Astrid Freude machte, ist Elsa Beskows (1874–1953) „Hänschen im Blaubeerwald". Es ist 1901 erschienen und wurde zu einem großen Erfolg, der die Autorin auch im Ausland bekannt machte. Elsa Beskows farbenprächtige und phantasievolle Bilder der Natur stammen aus einer Miniaturperspektive und sind botanisch genau beobachtet. Diese Kinderbuchwelt stimmt zwar mit den vorherrschenden pädagogischen Idealen überein, aber die kindliche Phantasie fühlt sich hier wohl. Mit ihrer Natürlichkeit gelingt es der Künstlerin, Kinder ganz unmittelbar zu erreichen.

Elsa Beskow hat insgesamt über vierzig Bücher geschrieben, von denen allein in Schweden dreieinhalb Millionen verkauft worden sind. Auch heute erfreuen sich ihre Werke noch weltweiter Beliebtheit. Über sich selbst hat sie – Mutter von sechs Söhnen – einmal gesagt: „Ein übers andere Jahr kam ein Junge und ein übers andere Jahr kam ein Bilderbuch.“ [55] Zum bekanntesten Buch jener Zeit aber wurde „Die Abenteuer des kleinen Nils Holgerssons mit den Wildgänsen“ (1906–07) von Selma Lagerlöf.

## Die Zeiten ändern sich

Das schwedische Jugendbuch der folgenden Jahre vermochte weder Jungen noch Mädchen ein echtes Leseabenteuer zu bieten. Von der Jahrhundertwende bis zur Mitte des 20. Jahrhunderts bestand die Kinderliteratur neben Märchensammlungen meist aus harmlosen Geschichten. Da wurde zum Beispiel erzählt, was Kinder aus der Oberschicht während der Sommerferien erlebt hatten. Zu den wenigen Ausnahmen gehört Gösta Knutssons humoristische Serie der Katzenbücher „Moritz Stummel auf Abenteuer“ (Pelle Svanslös på änentyr) ab 1939, die heute immer noch populär sind. Auch die finnlandschwedische Autorin Tove Jansson ging mit den von ihr selbst illustrierten „Mummin-Büchern“ eigene Wege. Das Mummintal wird von verschiedenen Wesen bewohnt, die wichtigste Gestalt aber ist die Mumminmutter. Die neun „Mummin-Bücher“, zwischen 1945 und 1970 entstanden, sind voller Lebensweisheit und Humor und drehen sich letztlich alle um die Thematik Ordnung und Chaos.

Die Kinderliteratur aus dem angelsächsischen Raum fand großen Anklang, wie „Peter Pan“ von J. M. Barrie, „Doktor Dolittle und seine Tiere“ von Hugh Lofting oder „Pu der Bär“ von A. A. Milnes. Sehr beliebt waren auch die Bücher von „Alice im Wunderland“, der klassischen Figur der englischen „Nonsens-Literatur“ von Lewis Carroll. Carrolls parodistische Sprachspiele waren Astrid Lindgren in ihrer

Jugend bekannt. Später hat man ihre Pippi auch mit „Alice" verglichen. Übrigens bedeutet das Wort „pippi" auf Schwedisch „verrückt". Ein grundlegender Unterschied zwischen Alice und Pippi besteht allerdings darin, daß Pippi mit ihren *verrückten* Einfällen die normale Alltagswelt durcheinanderbringt, während sich die *normale* Alice in eine durcheinandergeratene Welt voller Blödsinn verirrt. Die spielerische Revolte gegen die Autoritäten hatte in England schon während der viktorianischen Zeit eingesetzt. Vielleicht liegt hier einer der Gründe, warum „Pippi Langstrumpf" in der angelsächsischen Welt nicht der gleiche Erfolg beschieden war wie etwa in dem – bis in die fünfziger Jahre hinein – noch recht autoritätsgläubigen Deutschland.

In Schweden hielt in den dreißiger Jahren eine neue kinderfreundliche Psychologie Einzug. Freud und besonders Adlers Ideen stießen auf ein breites Interesse. Die „Individualpsychologie" des österreichischen Arztes und Tiefenpsychologen Alfred Adler (1870–1937) sieht im Geltungs- und Machtstreben den Hauptantrieb menschlichen Verhaltens. Adler meint, wenn ein Kind ständig wegen seiner ungenügenden Leistungen bestraft werde, dann flüchte es in eine neurotische Scheinwelt und betrachte sich als den anderen überlegen. Daher sollten Erwachsene Kindern gegenüber weder ihre Überlegenheit ausspielen noch sie verwöhnen, nur dann könnten sich die kindlichen „kompensatorischen Kräfte" in schöpferischer Weise entfalten. Adlers Ideen sind auch in die Figur der völlig freien und unabhängigen Pippi Langstrumpf eingeflossen. Das rebellische und respektlose kleine Mädchen erfüllt den kindlichen Wunschtraum, mächtig und stark zu sein, indem es den Großen gründlich die Meinung sagt. Auch andere Gestalten aus Astrid Lindgrens Büchern setzen sich gegen eine gutgemeinte und strenge Erziehung zur Wehr, wie sie früher gang und gäbe war.

## Für eine freie Erziehung

Bereits Ellen Key, der Astrid Lindgren einmal kurz begegnet ist, hatte sich zu Beginn des Jahrhunderts gegen Strafen und Noten ausgesprochen. Key meinte, der Lehrplan in Schulen sollte einer Speisekarte gleichen, von der Kinder nach ihrem jeweiligen Bedarf auswählen können. Die italienische Ärztin und Pädagogin Maria Montessori (1870–1950) wurde zur berühmten Nachfolgerin Ellen Keys. Nach Montessori entwickeln sich die kindlichen Kräfte nach einem verborgenen, aber festen „inneren Bauplan", der durch die Pädagogik gefördert werden soll. Für Astrid Lindgren wie für Maria Montessori spielt die Friedenserziehung von Kindern eine entscheidende Rolle.

Ebenso haben die Vorstellungen des Schotten A. S. Neill (1883–1973) in Schweden wie auch in anderen westlichen Ländern ihre Spuren hinterlassen. Neill war von Sigmund Freud und Wilhelm Reich beeinflußt und gründete 1921 das Internat „Summerhill". Seine Versuche einer „repressionsfreien Erziehung" ohne Autorität und Zwang erweckten weltweites Interesse. Auch er glaubte – im rousseauschen Sinn – an die natürliche Güte des Menschen und befürchtete, eine hemmende Erziehung könne zur Ursache von Neurosen werden. Er plädierte dafür, daß Kinder in Freiheit lernen sollen, was und wann es ihnen gefällt. Mit seinen Vorstellungen, daß Kinder sich ohne moralische oder religiöse Belehrungen „selbstregieren" sollten, gilt Neill als geistiger Vater der antiautoritären Erziehung. In Schweden versucht das Kinderdorf „Skå" etwas von diesen Ideen umzusetzen.

Alfred Adlers, A. S. Neills und Bertrand Russells Besuche in Schweden hatten die dortige Debatte über die Kindererziehung belebt. Zum Hauptstreitpunkt wurde das Für und Wider der körperlichen Züchtigung in Schulen, die in

Schweden erst im Jahr 1958 verboten worden ist. Astrid Lindgren erinnert sich immer noch mit Schrecken daran, wie eine Schulkameradin, die man des Diebstahls verdächtigt hatte, vor der ganzen Klasse geschlagen wurde. Auch der englische Philosoph Bertrand Russell (1872–1970), der Astrid Lindgren beeinflußt hat, zeigte sich skeptisch gegenüber Strafen und fand es falsch, Kindern ein Schulwissen gegen ihren Willen aufzuzwingen.

## Nur brave Mädchen

Diesem geistigen Nährboden ist die Gestalt der „Pippi Langstrumpf" entwachsen. Geistesgeschichtlich gesehen, ist sie ein Kind jener Zeit, da man in den westlichen Demokratien intensiv die Grundsätze einer freien Erziehung diskutierte. Astrid Lindgren hat sich immer für Erziehungsfragen interessiert. Für sie liegt die Grundbedingung einer harmonischen Erziehung in der Geborgenheit. Das bedeutet jedoch nicht, daß freie Erziehung und ordnende Richtlinien einander ausschließen. Den Eltern sagt Astrid Lindgren: „Fordert Eure Kinder nicht zum Zorn heraus!" Behandelt sie mit derselben Rücksicht, die Ihr Euren erwachsenen Mitmenschen zwangsläufig zeigen müßt. Gebt den Kindern Liebe, mehr Liebe und noch mehr Liebe, dann kommt die Lebensart von selbst."[56]

Als Astrid Lindgren am 27. April 1944 die Urfassung ihrer „Pippi Langstrumpf" an den Bonnier-Verlag schickte, berief sie sich in ihrem Begleitbrief auf Bertrand Russell. „Bei Bertrand Russell (Erziehung fürs Leben, S. 85) lese ich, daß der vornehmste Instinkt der Kindheit der Wunsch ist, erwachsen zu werden oder vielmehr der Wille zur Macht, und daß sich das normale Kind in der Phantasie Vorstellungen hingibt, die den Willen zur Macht beinhalten."[57]

Die Kinderliteratur war bis kurz vor Pippis Erscheinen immer noch von Moralismus durchdrungen, stellt Ulla Lundqvist in ihrer Doktorarbeit fest. Da alle Bücher pädagogische Intentionen haben, soll die Sprache vorbildlich korrekt sein und wirkt daher leicht gestelzt. Es gibt fast nur prächtige Kinder, mit wenigen Fehlern, die sich aber leicht beheben lassen. Kommen einmal schlimme Kinder vor, dann sind es bestimmt keine Mädchen. Auch die Erwachsenen bewegen sich meist innerhalb der gesellschaftlichen Normen. Ulla Lundqvist findet nur ein einziges Buch, in dem eine berufstätige Mutter vorkommt. Das Angebot an Kinder- und Jugendfilmen war auch nicht gerade üppig. Unter den ersten Filmen, die in den späten vierziger Jahren gedreht werden, finden sich „Meisterdetektiv Blomquist" (1947) und „Pippi" (1949).

## Bibi und Pippi

Ganz aus der Reihe fallen allerdings die von 1929 an erscheinenden „Bibi-Bücher" der deutsch-dänischen Autorin Karin Michaelis, die einige Ähnlichkeiten mit „Pippi" aufweisen. Die abenteuerlustige Bibi, die mit ihrer Freimütigkeit schockierend auf die bürgerliche Gesellschaft wirkt, bedeutete ein Novum in der damaligen Mädchenliteratur. Die 1950 verstorbene Karin Michaelis hatte sich im Ersten Weltkrieg aktiv für die deutsche Sache eingesetzt. Ihre Einstellung änderte sich nach der Machtergreifung durch Hitler. Nun half sie tatkräftig politischen Flüchtlingen aus Deutschland, unter ihnen Bert Brecht und Kurt Tucholsky. Daraufhin wurde die Publikation ihrer Bücher 1936 von den Nationalsozialisten verboten.

In diesem Jahr (1995) ist „Bibi" nach über vierzigjähriger Vergessenheit erneut in der Serie „Göre bei Kore" erschienen. Der Verlag nennt Bibi die große Schwester von Pippi. In den zwanziger Jahren waren die vier Bände wahre Weltbestseller. Man hatte sie innerhalb von zehn Jahren in dreiundzwanzig Sprachen übersetzt und fünfundzwanzigmal aufgelegt. „Bibi ist im Gegensatz zur zwanzig Jahre später entstandenen Pippi Langstrumpf – mit der sie sonst eine Reihe von Gemeinsamkeiten verbindet – eine durchaus realistische Figur, deren intensiv gelebte Individualität sich nicht im Phantastischen verliert."[58]

Die etwa zehnjährige Bibi sprengt die engen Grenzen, die Mädchen zu jener Zeit gesteckt wurden. Ihr Vater ist Stationsvorsteher, ihre Mutter eine verstorbene Gräfin. Sie hat auf allen Bahnstrecken freie Fahrt. Wenn sie die Reiselust überkommt, besteigt sie einen Zug und unternimmt ausgedehnte Reisen, vor allem nach Deutschland. Ihren Vater verständigt sie nachträglich durch Briefe, die mit Rechtschreibfehlern gespickt sind. Für die Schule bleibt bei dieser Reiselust kaum Zeit. Ihre Phantasiegeschichten erinnern an Pippis Lügengeschichten. So stellt sie sich vor, daß man in Indien, wenn ein neuer König gewählt wird, die Elefanten im Krönungszug vergoldet oder versilbert. „Aber wenn ihnen das Gold oder das Silber nicht abgewaschen wird, ehe sechs Stunden um sind, – dann sterben die Elefanten. So gefährlich ist es, vergoldet oder versilbert zu werden."[59]

## Britt-Mari erleichtert ihr Herz

Im Herbst 1944 durchlebte Astrid Lindgren eine schwierige Phase. Offenbar machte sie eine schöpferische Krise durch, mit der sich wie bei vielen Künstlern oft eine neue Schaffensperiode ankündigt. „Reculez pour mieux sauter", wie es die Franzosen sagen. „Die vierziger Jahre bilden in ihrem Werk eine Art aufgestauten Strom, der über seine Ufer tritt und sich mehrere parallele Flußbetten sucht."[60] Krankheit, innere Unruhe und Sorge um ihre Familie bedrückten sie. Häufig hat sich Astrid Lindgren in jenen Tagen um ihre Familienangehörigen geängstigt. Die Figur des Vaters Melcher in ihrem 1964 erschienen Buch „Ferien auf Saltkrokan" spiegelt etwas von diesen besorgten Gefühlen wider. Wenn Melcher nachts nicht einschlafen kann, sagt er laut Gedichte auf, um sich selbst zu beruhigen. Auch wenn sie schrieb, zog sie sich wie auf eine Insel zurück, ins Reich ihrer Phantasie.

Im September 1944 hatte Astrid Lindgren, mittlerweile siebenundreißigjährig, ihr Debüt als Schriftstellerin. Ihr Briefroman „Britt-Mari erleichtert ihr Herz" wurde mit dem zweiten Preis in einem Wettbewerb für Mädchenbücher bei Rabén & Sjögrens ausgezeichnet. Dieser Preis ermutigte sie, das im Jahr zuvor abgelehnte Pippi-Buch nochmals zu überarbeiten. Zur Jury gehörten neben Marika Stiernstedt, bekannt durch ihr klassisches Mädchenbuch „Ulla Bella", auch die Kinderbibliothekarin Elsa Olenius und der Verleger Hans Rabén. Man entschied sich, den ersten Preis an Stina Lindbergs „Ingrid" zu vergeben. Für den zweiten Preis schlug Elsa Olenius „Britt-Mari erleichtert ihr Herz" vor. Sie glaubte, das Buch stamme von Barbo Alving, einer Starjournalistin bei „Dagens Nyheter". Der Verlag steckte in Finanznöten und hoffte, mit dem Wettbewerb einen bekannten und werbewirksamen Verfasser anzulokken.

Der Vorschlag von Elsa Olenius wurde angenommen, doch die Enttäuschung war groß, als die Verfasserin, wie man damals meinte, nur eine „ganz gewöhnliche Hausfrau" war. Elsa Olenius erinnert sich: „Es zeigte sich, daß wir, ohne damals etwas davon zu wissen, die beste Autorin für unsere, nein für alle Kinder, unter uns hatten." Eines Tages sei ein „zartes Geschöpf" zu ihr in die Bibliothek gekommen, um das erbetene Anfangskapitel für ihr Preisbuch „Britt-Mari erleichtert ihr Herz" abzuliefern. Astrid Lindgren „sah aus wie ein Vögelchen – mit einem strahlenden Lächeln ...und hielt ein Manuskript in der Hand."[61]

## Mädchenbücher im flotten Stil

Nach den Richtlinien dieses Wettbewerbs sollten die Mädchenbücher „die Liebe zu Heim und Familie sowie Ernst und Verantwortungsgefühl im Verhältnis zum anderen Geschlecht" bestärken. Während der unsicheren Kriegsjahre war man bemüht, den jungen Lesern eine sittliche Lebenshaltung zu vermitteln. So lebt die Ich-Erzählerin in „Britt-Mari erleichtert ihr Herz" in einem mustergültigen Familienkreis. Doch der gewandte und flotte Stil, der leicht ironische Unterton, der die Bravheit eines Mädchenbuches fast zu parodieren scheint, trägt bereits unverkennbar Astrid Lindgrens Handschrift.[62]

Auch ihr zweites Buch „Kerstin und ich", das 1945 herauskommt, ist ein Mädchenbuch. Es folgen als weitere Werke aus diesem Genre die drei „Kati-Bücher", die auch Reiseberichte sind. Kati ist ein junges Mädchen, das mit einer leicht verschrobenen Tante zusammenwohnt. In „Kati in Amerika", dem ersten Band von 1950, fahren die beiden trotz der Vorbehalte von seiten der Tante in die USA. Dort geschieht Unerwartetes: Die Tante verliebt sich, heiratet, und die Nichte kehrt allein nach Schweden zurück.

1952 erscheint „Kati auf der Kapitänstraße", das später in „Kati in Italien" umgetauft wird. Darin fährt sie zusammen mit einer Freundin in den sonnigen Süden und verliert ihr Herz an den jungen Schweden Lennart. Es findet sich eine Stelle, die an Astrid Lindgrens eigene, schmerzliche Jugenderfahrungen erinnert. Sie schreibt, man könne nur allzu leicht in eine Ehe hineinschlittern, ohne davon überzeugt sein, daß man auch den richtigen Schritt getan habe. Im letzten Band, „Kati in Paris", von 1953 erzählt Astrid Lindgren vom tiefen Glücksgefühl einer Mutter, die ihr Neugeborenes im Arm hält.

Ihr Realitätssinn läßt diese Empfindungen jedoch nicht überschwenglich werden. Die Mutter sagt zu ihrem Kind, daß dieser Augenblick der innigen Einheit vorübergehen werde. Schon mit der Geburt beginne der Prozeß des Abschiednehmens, und jeder Tag werde die Trennung der beiden voneinander ein kleines Stückchen weiter vorantreiben. Der Band endet damit, daß sich Kati an ihren winzigen Sohn mit den folgenden Worten wendet: „Ich könnte mein Herzblut für dich geben, aber ich kann nicht eine einzige von den Sorgen wegnehmen, die dich erwarten. Und doch sage ich dir, mein liebes Kind: Die Erde ist die Heimat des Menschen und sie ist eine wunderbare Heimat. Möge das Leben nie so hart gegen dich sein, daß du das nicht verstehst. Gott schütze dich, mein Sohn!"[63] Alles in allem sind diese Bücher lebendig und leicht geschrieben, ohne oberflächlich oder kitschig zu werden.

## Ein Bestseller fällt durch

Weltbekannt wurde Astrid Lindgren aber nicht durch ein klassisches Mädchenbuch, sondern durch ein – heute allerdings schon wieder klassisches – „Anti-Mädchenbuch." Ihre neunjährige Pippi mit den roten Zöpfen, der Kartoffelnase voller Sommersprossen, den merkwürdigen Strümpfen und den chaplinesken Riesenschuhen ist völlig ausgeflippt und alles andere als ein braves Mädchen. Nachdem Astrid Lindgren 1944 die Urfassung ihres Buches an Bonniers geschickt hatte, mußte sie bange drei Monate auf eine Antwort warten. Das Gutachten über das „Nonsens-Buch", das am 20. Juli bei ihr eintraf, klang recht positiv. Der Lektor äußerte allerdings auch einige Vorbehalte gegen den manchmal gekünstelten Ton und empfahl, das Manuskript nach einer Überarbeitung herauszugeben. Aber schließlich kam am 20. September doch noch eine Absage; immerhin in einem freundlich ermunternden Ton.

Nun überarbeitet Astrid Lindgren vierzig Prozent ihres Textes, einige Abschnitte fallen ganz weg, etwa Nonsens-Verse, deren literarische Anspielungen Kinder kaum verstehen können. Die Sprache wird bündiger, das Tempo rascher. Pippis Charakter verändert sich: Aus der streitsüchtigen Ur-Pippi wird eine etwas weniger freche Neu-Pippi, ein Naturkind mit vielen guten Eigenschaften. Sie ist großzügig, überlegen, anspruchslos, phantasievoll und selbstsicher, aber vor allem begeht sie nicht die gleichen Dummheiten wie andere Menschen. Im Herbst 1945 reicht Astrid Lindgren die neue Version, gemeinsam mit dem Manuskript von „Wir Kinder aus Bullerbü", bei einem Wettbewerb bei Rabén & Sjögren ein. Hans Rabén, Gösta Knutsson und Elsa Olenius überreden die anderen Jurymitglieder, den ersten Preis an „Pippi Langstrumpf" zu vergeben – wegen der „Originalität, Spannung und dem absolut entwaffnenden Humor" dieses Buches.

Wie andere weltbekannte Kinderbücher ist auch „Pippi Langstrumpf" bei einer mündlichen Erzählung entstanden. Aber sie scheint auch ein lebendiges Vorbild zu haben: Sonja Melin, eine Freundin von Astrids Tochter Karin. Bei Kindergeburtstagen in der Dalagatan 46 spielten alle kleinen Freundinnen recht brave Spiele, bis auf Sonja. Als Astrid Lindgren das kleine, ausgelassene Mädchen mit den prächtigen roten Haaren beobachtete, dachte sie: „Die ist wie meine Pippi." Heute bietet Sonja in den Stockholmer

„Hötorgshallen" frisches Gemüse feil. Als Astrid Lindgren einmal an ihren Stand kam, hörte sie erstmals von ihrer Ähnlichkeit mit Pippi. Sonja Melin konnte das kaum glauben und erwiderte: „Ich weiß doch genau Astrid, du selbst bist Pippi."[64]

## Tausend Kronen für ein Kinderbuch

Im Frühjahr 1946 startete der Rabén-Verlag eine große Werbekampagne, und Elsa Olenius stellt „Pippi Langstrumpf" im Radio vor. Innerhalb von zwei Wochen werden 21 000 Exemplare von „Pippi" verkauft. Elsa Olenius schreibt den Text zu einem Theaterstück um, das im „Medborgarhuset", dem Bürgerhaus aufgeführt wird; die Texthefte werden in Schulen und Vereinen gelesen. Astrid Lindgren wird zur begehrten Vorleserin. Mit ihrem Durchbruch verändert sich auch der Status der Kinderbuchautoren insgesamt. Zum ersten Mal setzt „Svenska Dagbladet" den damals ansehnlichen Preis von tausend Kronen für ein Kinderbuch aus, den Astrid Lindgren gewinnt.

Pippi, die stärker als jeder Polizist ist und sogar Pferde hochheben kann, ist oft als Machtmensch oder als Superkind bezeichnet worden. Astrid Lindgren selbst gebraucht das deutsche Wort „Übermensch", das in der Regel mit Nietzsche in Zusammenhang gebracht wird. „Wenn ich überhaupt eine andere Absicht mit meiner Pippi gehabt habe, als zu unterhalten, so war es diese – daß man Macht besitzen kann, ohne sie zu mißbrauchen; denn von allen Kunststücken im Leben ist gerade dies das allerschwerste", meint die Autorin über ihr Buch. „Überall wird Macht mißbraucht. Jeder ist Herr über den Ärmeren und Schwächeren, das fängt schon bei den Kindern an und geht bis zu denen, die Reiche regieren. Aber Pippi, die ist großartig! Sie hat mehr Macht als irgendein Junge auf der Welt, und sie könnte Kinder und Erwachsene in ihrer Umgebung terrorisieren, aber tut sie das? Nein. Sie greift nicht eher hart zu, bis es wirklich nicht mehr anders geht."[65] Es folgen noch zwei weitere Pippi-Bücher: 1946 „Pippi Langstrumpf geht an Bord" und 1948 „Pippi in Taka-Tuka-Land".

Die Pippi-Trilogie ist spannend und lustig zugleich geschrieben. Ihre Originalität liegt nicht so sehr in der Handlung als in der Sprache. In der Regel sind die Geschichten ähnlich aufgebaut: Einleitung – es ereignet sich etwas – man ahnt eine Bedrohung – Pippi greift ein oder vollbringt eine Großtat – Schlußeffekt. Ein allwissender Erzähler registriert und gibt wieder, was sich ereignet. Wie immer sich Pippi auch aufführen mag, der Erzähler enthält sich des Urteils. Mißbilligende Kommentare stammen nur von den Erwachsenen.

## Wann starb Karl XII.?

Die Pippi-Geschichten leben von der Satire und der Ironie, von einer Welt voller Unsinn. Wortschöpfungen und falsch gebrauchte Wörter werden zu einem Zerrspiegel für die konventionelle Erwachsenenwelt. Pippi liebt Übertreibungen und Lügengeschichten. Wenn jemand deren Wahrheitsgehalt anzweifelt, verlegt sie die Episode ans andere Ende der Welt und zeigt, daß Dinge, die uns befremden mögen, dort ganz natürlich sind. Ähnlich wie der tiefgründige deutsche Komiker Karl Valentin entwickelt das schlagfertige Mädchen eine absurde Logik, die das Klischeehafte in der Sprache entlarvt.

„Pippi Langstrumpf" ist ein ironisches Buch, das die konventionellen Hohlheiten und spießbürgerlichen Verengungen bloßstellt. Es wird daher auch immer wieder gerne von

Erwachsenen gelesen. Astrid Lindgren hat sich durch Revuen, Comics oder Witzblätter inspirieren lassen und mit ihrer Freude an Sprachspielen immer wieder neue Wörter erfunden. „Ihre Art zu reden weicht von der Norm ab. Die von den Kritikern drakonisch überwachte Sprache der Kinderliteratur hatte in erster Linie korrekt zu sein, sie sollte weder in der Schule noch in „gebildeten" Familien Anstoß erregen. Bei Astrid Lindgren hingegen sind die Kinder in ganz neuer Weise aufmüpfig."[66]

Die Autorin von Pippi wendet sich besonders gegen die hochmütige, engherzige und besserwisserische Art, mit der Erwachsene oft Kinder behandeln. Wie Fräulein Rosenblom, die Verhöre abhält, um herauszufinden, welche Kinder wirklich artig und fleißig waren. Die braven Kinder werden belohnt, und diejenigen, die leer ausgehen, fühlen sich öffentlich gedemütigt. Eltern verwenden das ältliche Fräulein als Schreckgespenst, damit ihre Sprößlinge gehorchen. Von Fräulein Rosenblom nach dem Todesjahr von Karl XII. befragt, antwortet Pippi: „Ach, ist der auch tot? ... Es ist doch zu traurig, wie viele Leute jetzt draufgehen. Und ich glaube bestimmt, daß das niemals passiert wäre, wenn er immer trockene Füße gehabt hätte." Als sie die völlig verängstigten Kinder sieht, die nun dran sind, Rede und Antwort zu stehen, greift sie ein. Sie fragt die Kinder einfach nach irgend jemandem, der gestorben sei, und alle können antworten: „Die alte Frau Petterson in Nr. 57 und Karl XII."[67]

## Leben in einem freien Land

Auch die raren Schulbesuche geben Pippi willkommene Gelegenheiten, die Erwachsen zu foppen. Die Lehrerin will von ihr wissen, wieviel 8 plus 4 ist, und Pippi antwortet: „So ungefähr 67." Als sie darauf hingewiesen wird, daß 8 und 4 aber 12 macht, erwidert sie: „Nein, meine Liebe, das geht zu weit ... Eben erst hast du gesagt, 7 und 5 ist 12. Ordnung muß sein, selbst in der Schule." [68] Ihre Freunde läßt sie wissen, daß es in Argentinien streng verboten sei, Schulaufgaben zu machen. Pippi kommt auch ohne Schule gut zurecht und erfüllt damit sicher den geheimen Herzenswunsch vieler Kinder.

Das Mädchen aus der Villa Kunterbunt, am Rande einer schwedischen Kleinstadt, lebt mit ihrem Affen, Herrn Nilsson, und ihrem Pferd in einer freien Welt. Sie ist völlig ohne elterliche Kontrolle und kann tun und lassen, was sie will. Ihr Vater, ein Kapitän, mit dem sie über die Weltmeere gesegelt ist, regiert als Negerkönig irgendeine Südseeinsel, und die Mutter ist ein Engel im Himmel. Als man von Pippi wissen will, warum sie auf der Straße rückwärts gehe, fragt sie ironisch zurück: „Leben wir etwa nicht in einem freien Land? Darf man nicht gehen, wie man möchte?" [69] Pippi steht außerhalb der Gesellschaft und fühlt sich dabei offenbar wohl. Doch in all ihrer Unabhängigkeit ist sie auch ein einsames Kind. Hier hat das Pendel zwischen Geborgenheit und Freiheit ganz auf die Seite der Freiheit hin ausgeschlagen.

Auch ihre gewaltige Stärke kennt keine Hindernisse, wann immer sie ihre Kraft einsetzt, müssen sich die anderen beugen. Pippi besiegt einen Stier, einen Haifisch, einen Zirkusathleten und einen Einbrecher. Dabei ist sie ohne Falschheit und Tücke. Werden Kinder oder Tiere bedroht, dann schreitet sie ein. Schließlich sieht auch die Mutter der beiden Nachbarskinder Thomas und Annika ein, daß die beiden am besten bei Pippi aufgehoben sind. Die kindlichen Leser identifizieren sich aber meist nicht mit der kleine „Hexe" Pippi und ihren magischen Fähigkeiten, sondern mit ihren „normalen" Gespielen Thomas und Annika.

Pippi hat gleichwohl auch Eigenschaften, die sie mit allen Kindern teilt: Sie liebt Schlagsahne, klettert gern auf Bäume und ist ein „Sachensucher". Sie öffnet das Tor zwischen der Wirklichkeit und der Märchenwelt mit ihren unbegrenzten Möglichkeiten und erfüllt kindliche Wunschträume. Das Mädchen, das immer mit den Füßen auf dem Kopfkissen schläft, begehrt zwar gegen die Erwachsenenwelt auf, stürzt sie aber nicht um. Mit ihrem vielem Geld und ihrer Freigebigkeit hilft sie indirekt sogar mit, die bestehende Ordnung aufrechtzuerhalten. Daher kritisieren Marxisten an Astrid Lindgren, sie würde Kinder zur Anpassung verleiten, statt sie zu einer Systemveränderung anzuspornen. „Pippi Langstrumpf entspricht dem Traum der Kinder von Aufruhr und Stärke, aber sie macht nie ernst mit dem Aufruhr. Sie stellt den Zusammenhang der Familie nie in Frage und kann nie anstößig wirken", schreibt Clas Engström.[70]

Das Buch erregte nach seinem Erscheinen sofort großes Aufsehen. Das Echo war meist positiv. Die Kritiker wurden von den phantasievollen Geschichten gefesselt, lobten Pippis Güte und ließen sich von ihren aufrührerischen Zügen faszinieren. Allerdings entrüstete sich der „Hausfrauenverband" darüber, wie sich die freche rothaarige Göre beim Kaffeeklatsch über Hausangestellte lustig macht. Pippi erzählt da vom Dienstmädchen Malin, das sich beim Servieren des Weihnachtsferkels gekräuseltes Papier in die Ohren und noch dazu einen Apfel in den Mund steckt. Sie hat beim Lesen des Kochbuches nicht begriffen, daß diese Garnierung nicht für sie, sondern für das Ferkel bestimmt war.[71]

Bald nach dem Erscheinen aber setzte eine heiße Pippi-Fehde ein. Den Startschuß dazu gab der Professor, Philosoph, Psychologe, Literaturforscher und Pädagoge John Landquist. Er hatte sich durch die Werbetrommeln dazu verleiten lassen, seiner eigenen Tochter aus „Pippi Langstrumpf" vorzulesen. Was er las, ließ ihm die Haare zu Berge stehen. Er zog am 18. August 1946 mit dem Artikel „Schlecht und preisgekrönt" in der Zeitung „Aftonbladet" gegen Astrid Lindgren und ihr Werk zu Felde. Sie sei eine talentlose, unkultivierte Person und ihre Pippi abnorm und krank, hieß es da. Das ganze Werk weise einen Mangel an Kultur auf, sei geschmacklos und geradezu schädlich für kindliche Seelen.

Landquist empörte sich beispielsweise darüber, daß in einem Kinderbuch etwas so Ernstes wie eine Feuersbrunst vorkomme und über giftige Fliegenpilze gescherzt würde. Die Szene beim Kaffeekränzchen erinnerte ihn an „geisteskranke Phantasien oder krankhafte Zwangsvorstellungen". Plötzlich gab es bei verschiedenen Zeitungen negative Leserbriefe zuhauf, die Landquists Argumente wiederholten. Nun fand man auf einmal, Pippis Sprache sei vulgär und sie selbst liederlich und vorlaut. Pippi könnte die Kinder zu einer „Wirklichkeitsflucht" verleiten, hieß es. Die Diskussion wurde zunehmend gehässiger. Wieder stritt man sich mit moralischen Argumenten um eine autoritäre oder eine freie Erziehung.

## Die neue Sachlichkeit

War es Fügung oder Zufall, daß sich der Verleger Friedrich Oetinger im Jahr 1949 bei einer Reise nach Schweden in „Pippi Langstrumpf" verliebt hat? Sein Verlag war damals noch auf Sozial- und Wirtschaftswissenschaft spezialisiert. In einer Buchhandlung in Stockholm stieß er auf ein kleines dickes Buch mit einem Mädchen mit „roten Zöpfen und verschiedenfarbigen Rutschestümpfen". Dem Buchhändler fiel das Interesse Oetingers auf, und spontan meldete er den fremden deutschen Herrn telefonisch bei Astrid

Lindgren an. Wenige Minuten später saß Friedrich Oetinger der Schriftstellerin gegenüber und bat sie um eine Option für „Pippi Langstrumpf", die er auch bekam. Dank dieses Best- und Longsellers wurde aus dem Wissenschaftsverlag ein Kinder- und Jugendbuchverlag. Bei Oetinger sind auch die weiteren Werke Astrid Lindgrens auf Deutsch erschienen. Zur Förderung deutscher Nachwuchsautoren hat der Verlag einen Astrid Lindgren-Preis für das beste unveröffentlichte Kinderbuch gestiftet.

In der deutschen Nachkriegszeit hoffte man – im Zuge der „re-education" – durch die internationale Kinderliteratur bei der neuen Generation ein Demokratiebewußtsein zu wecken. Allerdings wurde die Kinderliteratur kulturpolitisch kaum gefördert und von den Literaturkritikern wenig beachtet. Vierzig Prozent der jährlichen Neuerscheinungen bestanden aus Übersetzungen, heute sind es immer noch durchschnittlich dreißig Prozent. Es kamen meist recht harmlose, ja banale Bücher heraus, von denen man sicher sein konnte, daß sie die Zensur passieren würden. Sie waren nach Lesealtern eingestuft und in Bücher für Knaben oder Mädchen eingeteilt. Ihr Zweck wurde vor allem darin gesehen, sittliche Werte zu vermitteln. Während der Besatzungszeit kamen außerdem die Comics als etwas Neues hinzu. Das Klima der Kinderliteratur war 1949 in Deutschland also reif für neue Anregungen.

Eine der wenigen Ausnahmen bildete Erich Kästner, der auch international bekannt wurde. Auf das Werk von Astrid Lindgren hat er einigen Einfluß gehabt. Bereits sein erster Kinderroman von 1928, „Emil und die Detektive" – der autobiografische Züge trägt – ist in einem völlig neuen Ton geschrieben. Mit der realistischen Sprache seiner Figuren und seinem satirischen Humor brachte Kästner eine „Neue Sachlichkeit" in die Kinder- und Jugendliteratur des 20. Jahrhunderts. Dem Ideal des braven und gehorsamen

Kindes setzte er kindliche Helden entgegen, die selbständig, vernünftig und furchtlos dem Leben begegnen. Dabei nahm er Partei für die Hilflosen und Schwachen. Kästner wollte die Jugend über Mißstände aufklären und ihr helfen, an einer „besseren Zukunft" zu bauen. In seinem Vortrag „Jugend, Literatur und Jugendliteratur", den er 1953 in Zürich hielt, sagte er: „Der Jugend kann in unserer desolaten Welt nur helfen, wer an die Menschen glaubt." [72]

## Ein Brief an Villa Kunterbunt

Im Jahr 1954 fand eine Begegnung zwischen Erich Kästner, Astrid Lindgren und Pamela Travers, der englischen Autorin von „Mary Poppins", statt. Erich Kästner schreibt darüber: „Sie ...erkundigten sich, wie denn ich dazu käme, Bücher zu schreiben, die den Kindern in aller Welt gefielen. Und als ich sagte, bei mir läge es wohl daran, daß ich von dem Talent zehrte, mich meiner eigenen Kindheit anschaulich erinnern zu können, da stimmten beide Frauen lebhaft ein und sagten, genauso sei es bei ihnen auch ... nach ihrer Meinung entstünden gute Kinderbücher nicht, weil man Kinder habe und kenne, sondern weil man, aus vergangener Zeit, ein Kind kenne: sich selber." [73]
Nach dem Erscheinen 1949 wurde „Pippi Langstrumpf" auch in Deutschland lebhaft diskutiert und machte Astrid Lindgren hierzulande in kurzer Zeit zu einer bekannten Autorin. „Daß die öffentliche Reaktion für ein Kinderbuch ungewöhnlich heftig ausfiel, lag wohl an den gerade aufkommenden Ideen einer freieren, nicht autoritären Erziehung, für die der Inhalt des Buches ein geeignetes Diskussionsobjekt darstellte." [74] Viele Fachleute teilten die Ansicht von Professor John Landquist und hielten das Buch für „nicht empfehlenswert."

Einige Rezensenten befürchteten wiederum, daß die kindlichen Leser kaum in der Lage wären, die Grenze zwischen Wirklichkeit und Phantasie zu ziehen. Die Schriftstellerin Lisa Tetzner aber verteidigte das Recht des Kindes auf Übermut. In ihrem Brief an „Pippi Langstrumpf" von 1953 schrieb sie polemisch: „Nun, das waren wirklich tolle und keineswegs alltägliche Geschichten. So war es wohl richtig, Dich zu verbieten und von den Jugendschriftenlisten zu streichen und sich gegen Dich zu empören. Wenn nun unsere lieben, braven Kinder, mit denen wir uns soviel Mühe geben, genau so leben wollten wie Du? Wo kämen wir da hin? Unsere schöne Ruhe und Ordnung wären aus."[75]

## Zwischen Lob und Kritik

Man stellte damals zwar fest, daß Pippi mit ihren roten – mit Spucke geglätteten Haaren – ein erfrischender Gegenentwurf zur herkömmlichen Mädchenliteratur sei und nichts mehr mit dem blondgelockten Nesthäckchen gemein habe, bemerkte aber kritisch: „Sollte die Traumwelt des Kindes, seine eigene Wirklichkeit, sich in solchen wilden Großartigkeiten tatsächlich erschöpfen? Man fand, daß das Buch oberflächlich und voller Übertreibungen sei."[76] Nach einiger Zeit gestand man dem Buch allerdings zu, es würde Kindern helfen, ihre aufgestauten und unbefriedigten Aggressionstriebe in harmloser und unschädlicher Weise abzureagieren. Pippi wurde in Deutschland von den Kindern sofort begeistert gelesen und von besorgten Erwachsenen zunächst heftig abgelehnt. Zehn Jahre später hatte sich „Pippi Langstrumpf" aber endgültig durchgesetzt, wie es die hohen Auflagenzahlen bewiesen.

Trotz allgemeiner Anerkennung von Astrid Lindgrens Büchern gab es in der Bundesrepublik eine vielschichtige

Kritik. Gelobt wurde der Gedanke der ausgleichenden Gerechtigkeit in ihrem Werkes. Auch die Naturverbundenheit und die Zeitlosigkeit, die den Kindern Geborgenheit und Vertrauen ins Leben schenken, wurden geschätzt. Andererseits fand man, die Bücher seien unrealistisch, die Märchenfiguren blieben ihren althergebrachten Rollen verhaftet und würden von sozialen Konflikten nicht berührt. Bei den Bullerbü-Büchern wurden „idyllische Harmonisierungstendenzen" bemängelt.[77]

Anläßlich der Verleihung des Friedenspreises des Deutschen Buchhandels beurteilte man Astrid Lindgren meist aus politischer Sicht und sah sie als „nette Schwedin", die ihre Leserschaft kaum zum Nachdenken brächte. Nicht alle waren davon begeistert, daß eine Kinderbuchschriftstellerin mit einem so gewichtigen Preis geehrt werden sollte. Die österreichische Kinderbuchautorin Christine Nöstlinger – durch ihren „Gurkenkönig" bekannt geworden – meinte, sie bekäme „Magenkrämpfe", wenn Kinderliteratur zu einem „pädagogischen Hilfsmittel" herabgesetzt würde. „Die ›kindertümlich befaßten Personen‹ lernen eben nie aus. Und sind – schön flexibel – immer in der Lage, sich dem Trend anzupassen. Zieht die ›heile Kinderwelt‹ nicht mehr, verlangen sie ›Phantasie‹, kommt die Phantasie in den Geruch der ›Fluchttendenz‹, fordern sie ›Lebenshilfe zur Bewältigung der Realität‹."[78]

Astrid Lindgren hat sich selbst nie an dieser Debatte beteiligt, die sich ohnehin bald wieder beruhigte. Auch später sollten sich besorgte Pädagogen immer wieder am anarchistischen Wesen dieses „Kindes des Jahrhunderts" stoßen. Noch im Jahr 1980 hat der Schwedische Kinderfilmrat eine Pippi-Verfilmung als nicht empfehlenswert eingestuft, weil darin „grobe Schablonen und Vorurteile" vorkämen. Die schlimmste Kritik fand sich damals in einer dänischen Filmzeitschrift. Da hieß es, der sentimentale und zynische

Film sei voll mit gefährlichen Lügengeschichten, wodurch die Kinder völlig verwirrt würden. Astrid Lindgren meinte lakonisch: „Da kann ich nur sagen: ›Diese Dummköpfe‹, und mich nicht weiter darum kümmern."

Fünfzig Jahre nach ihrem Erscheinen erregt „Pippi Langstrumpf", diese archetypische Gestalt ungebrochener Lebensfreude, immer noch die Gemüter in Schweden. Als ein Artikel mit dem provozierenden Titel „Es ist an der Zeit, Pippi zu pensionieren ..." von Carin Stenström im „Svenska Dagbladet" (8.3.1995) erscheint, bricht erneut eine lebhafte Pippi-Debatte aus. In vielen Leserbriefen verteidigt man Pippi und damit auch Astrid Lindgren. Carin Stenström findet fünfzig Jahre der Huldigung seien mehr als genug, Jahre, in denen Pippi das Benehmen in der Familie und der Schule völlig auf den Kopf gestellt habe. Dieses freche Mädchen sei nichts als eine unsoziale und gefühlsgestörte Erscheinung, die sich weder anpassen noch entwikkeln könne. Sie lebe in einer Phantasiewelt und verwende ihre große Kraft bloß dazu, um diese Mängel zu kompensieren. Pippi würde mit „roher Gewalt" andere in Schach halten oder sie mit ihrer völlig respektlosen Frechheit lächerlich machen. Die Scherze und Einfälle dieses „stehengebliebenen Kindes" seien recht dürftig und die Villa Kunterbunt nichts als eine Sackgasse.

Im Pippi-Kult liege die Wurzel zu vielen Übeln der schwedischen Gesellschaft verborgen, fährt Carin Stenström fort. Heute wimmele es von zahllosen großen und kleinen Pippikindern, von einsamen Jugendlichen, denen die Fähigkeit zu tieferen Beziehungen abgehe. Ihnen fehle es an den grundlegenden Umgangsregeln und vor allem an Einfühlungsvermögen. Wie vor fünfzig Jahren für Pippi die Kraft ihrer Arme zur wichtigsten Eigenschaft geworden sei, werde heute in der Öffentlichkeit die Stärke der Muskeln und das Faustrecht verherrlicht. Bei einem solchen Vorbild brauche man sich nicht zu wundern, daß sich die schwedische Gesellschaft rückwärts statt vorwärts entwickelt habe. Außerdem diene Pippi vielen Eltern als Entschuldigung dafür, daß sie es versäumt hätten, sich um ihre Kinder zu kümmern und sie zu erziehen. Nun sei es wirklich an der Zeit, die „Pippi-Philososphie" einer ewig anhaltenden Kindheit aufzugeben und den jungen Menschen klarzumachen, daß das Leben kein Spielzimmer sei.

Die Erwiderung auf diesen Artikel läßt nicht lange auf sich warten. Eva Ström schreibt in einem Beitrag – ebenfalls im „Svenska Dagbladet" (15.3.1995) –, diese humorlose Kritik zeige, daß Stenström das Buch nicht richtig verstanden habe. Pippi sei das Gegenteil einer gewalttätigen Person und würde ihre Stärke nie mißbrauchen. Die Schwierigkeiten in der Gesellschaft rührten bestimmt nicht von Kindern her, die Pippi gelesen hätten. Sonst könnte man Pippi ja auch gleich für das Übel in vielen Dutzend anderer Länder verantwortlich machen, in denen das Buch erschienen ist. Es seien die verlassenen und unterprivilegierten Kinder, denen niemand ein Buch wie „Pippi Langstrumpf" vorgelesen habe, die unter Angst litten und gewaltätig würden. Pippi stärke das Selbstvertrauen der Kinder und gebe ihnen ihre eigene Sprache. Daher sei die Villa Kunterbunt eine Heimstätte der Kreativität, in der man seine Möglichkeiten entfalten könne. Carin Stenström habe mit ihrem Angriff auf Pippi nur auf ihre eigenen autoritären Ansichten der Kindererziehung aufmerksam machen wollen.

Die bekannte Kinderbuchautorin Camilla Grippe vertritt die Ansicht, die „reaktionäre und elitäre" Kinderliteratur habe vor allem Schaden angerichtet. Wären die Menschen immer noch „folgsam", wie es propagiert würde, hätte es kaum je Protestbewegungen gegen Krieg und Umweltzerstörung gegeben. Unter den Pippi-Lesern befänden sich keinesfalls „die schlechtesten Elemente" der Gesellschaft.

Wer Kindergeschichten so wörtlich auslege, der sollte sich doch auch über das schlechte Vorbild des honigsüchtigen „Pu der Bär" empören. In einem weiteren Artikel zeigt sich Marie Louise Samuelsson erstaunt darüber, daß sich ein erwachsener Mensch wie Carin Stenström über eine Phantasiegestalt wie Pippi so empören könne, als handele es sich dabei um einen lebendigen Menschen.

Am 15. Juni 1995, dem Tag, an dem vor fünfzig Jahren „Pippi Langstrumpf" herausgekommen ist, feiert man in in Vimmerby zusammen mit Astrid Lindgren und ihrer Tochter Karin Nyman dieses Ereignis. Astrid Lindgren erinnert sich daran, daß sie damals das Buch erneut Kapitel für Kapitel durchgelesen habe. Ihr Mann Sture habe sie dabei beobachtet und gefragt, warum sie denn überhaupt nicht lache. Als sie ihm sagte, sie fände es eben nicht komisch, habe er nur erwidert: „Du hast eben keinen Humor." Astrid Lindgren freut sich immer noch darüber, daß ihre Pippi das Selbstvertrauen vieler kleiner Mädchen gestärkt hat. Den Journalisten erzählt sie mit ihrem ungebrochenen Humor, neulich habe in Vasaparken einMann zu ihr gesagt: „Ist das wirklich Astrid Lindberg?" Und sie habe ihm geantwortet: „Nein, das ist sie wirklich nicht."

## Wie Moses durch das Rote Meer

Inzwischen hat Astrid Lindgren ihren festen Platz in den deutschen Kinderzimmern gefunden. Laut Margareta Strömstedt ist sie in Deutschland heute noch angesehener als in Schweden. Ihr Erfolg sei hier so groß, daß sie fast schon wie eine Heilige verehrt würde, meint eine schwedische Zeitung. Deutsche Kinder können ihre Geschichten auf über zwanzig verschiedenen Sprechkassetten hören, und bei den nordischen Filmtagen von 1987 wurden alle Lindgren-

Filme gezeigt. Auch hat man bereits vierzig Schulen nach ihr benannt. Ein Politiker wie Willy Brandt hat sie gerne zitiert, weil er sich ihrer Popularität sicher sein konnte.

Während vieler Jahre hingen auf der Frankfurter Buchmesse riesengroße Porträts von Astrid Lindgren. Als sie einmal die Messe besuchte, war sie einigen ausländischen Kollegen behilflich, sich in der schwedischen Kinderliteratur zurechtzufinden. Dabei stand sie bescheiden und unerkannt unter ihrem eigenen Plakat. Die Kollegen erkannten die populäre Autorin erst, als sie kurz darauf durch die Menschenmenge ging, die sich vor ihr teilte wie einst das Rote Meer vor Moses. Als sie in den sechziger Jahren einmal in einer Schule vorlas, klappte sie aus Versehen das Buch zu. Die andächtig lauschenden Kinder konnten daraufhin mühelos den unterbrochenen Satz beenden. 1978 erhielt sie den „Friedenspreis des Deutschen Buchhandels" mit der Begründung, ihre Bücher würden „Kindern in aller Welt als unverlierbaren Schatz die Phantasie schenken und ihr Vertrauen zum Leben stärken".

## Fifi Brindancier

In Frankreichs eher kühlem intellektuellen Klima ist Astrid Lindgren mit ihrer Offenheit, ihrer Schnoddrigkeit, ihrem Humor und ihrem spontanen Lachen nicht richtig angekommen, schreibt Margareta Strömstedt.[79] In der klassischen französischen Kinderliteratur bewegen sich Bücher wie „Der kleine Prinz" oder „Babar" in einer poetischen Landschaft. Sie sind meist auf der Sentimentalität der Erwachsenen aufgebaut oder spiegeln deren pädagogische Lust wider. Da das typisch Kindliche nicht sehr hoch eingeschätzt wird, findet sich in französischen Kinderbüchern auch wenig echte Kindlichkeit.

Für die kleinen Franzosen heißt Pippi „Fifi Brindacier". Die französischen Lektoren meinten, einiges an dem Buch verändern zu müssen. So wurde ein Drittel des Buches als ungeeignet gestrichen. Übrig blieb Pippi als vorlautes kleines Mädchen, das etwas von seinem klugen und souveränen Wesen eingebüßt hatte. Die französische Pippi darf keine Scherze mit den Polizisten treiben, auch die Szene der Kaffeetafel mit den „feinen Damen" war zu anstößig und wurde weggelassen. Das Pferd schrumpfte zu einem Pony, weil man es für unwahrscheinlich hielt, daß ein Kind ein Pferd stemmen könne.

Dazu meinte Astrid Lindgren trocken: „Zeigt mir das französische Kind, das ein Pony tragen kann." Und wer dazu in der Lage ist, der kann bestimmt auch eine ganze Torte in sich hineinlöffeln, fügte sie hinzu. Daher war in Frankreich der Erfolg dieses Buches zunächst nicht sonderlich groß. Erst 1979 gelang Astrid Lindgren der Durchbruch mit „Michel aus Lönneberga". Allerdings wurde Michel zu einem kleinen lispelnden Siebenjährigen gemacht, mit ziemlich banalen Jungenstreichen. Daß er ein ganz ungewöhnliche Junge ist, der es bis zum Gemeindepräsidenten bringen wird, ahnt niemand. Es erstaunt nicht, daß in Frankreich „Rasmus und der Landstreicher" als Lindgrens bestes Buch gilt; es ist das einzige, das dem schwedischen Original gerecht wird.

## Wie die Sonne scheint …

Zusammen mit „Pippi Langstrumpf" hatte Astrid Lindgren 1945 „Die Kinder von Bullerbü" an Rabén geschickt. Sie wurden nicht ausgezeichnet, aber 1947 veröffentlicht. In den Bullerbü-Büchern beschreibt Astrid Lindgren die ungetrübte Idylle einer Kindheit, die Kinder auf der ganzen Welt anspricht. In Bullerbü ist alles harmonisch, ernste Probleme tauchen kaum auf. Der genial einfache Stil versetzt auch erwachsene Leser in die eigene Kindheit zurück. „Es war schönes Wetter. Wir saßen an der Uferkante und sonnten uns. Und Lasse sagte: Uh, wie die Sonne scheint!" Da lachte Ole und sagte: „Uh, wie die Vögel zwitschern!"[80]

Im Jahr 1949 kommt „Mehr von uns Kindern aus Bullerbü", und 1952 folgt „Immer lustig in Bullerbü". Die Hauptpersonen sind sechs Kinder auf drei Höfen. Sie erleben, was Kinder zu allen Zeiten erleben. Es werden keine großen dramatischen Dinge geschildert, sondern ganz alltägliche Begebenheiten. Alles macht Spaß, und selbst die Arbeit verwandelt sich in Spiel. „Wir Kinder von Bullerbü haben es Weihnachten so wunderbar schön. Wir haben es natürlich auch sonst schön, im Sommer und im Winter, im Frühling und im Herbst. Oh, wie haben wir es schön in Bullerbü!"[81]

## Die eigenwillige Lotta

Auch in „Die Kinder aus der Krachmacherstraße" (1958) erlebt die Hauptperson, die dreijährige Lotta, ganz alltägliche Dinge. Die kurze Erzählung „Lotta zieht um" (1961) hat Ingmar Bergman so angesprochen, daß er sogar mit dem Gedanken spielte, sie zu verfilmen. „Die Geschichte hat die gleiche Sprengkraft wie eine antike Tragödie mit großen Gesten und heftigen Gefühlsausbrüchen. Gleichzeitig ist sie erfüllt von einer zarten Sensibilität."[82] Als im Januar 1995 die Verfilmung von Johanna Hald in die deutschen Kinos kam, wurde „Lotta zieht um" von der Kinderkino-Initiative zum Kinderfilm des Monats gewählt.

Die Geschichte selbst ist rasch erzählt: Lotta gerät über einen kratzigen Pullover so ihn Wut, daß sie in die Rumpelkammer von Tante Berg auszieht. Bis sie der Vater beim

Einbruch der unheimlichen Nacht wieder höflich bittet, zurückzukommen. In wenigen Sätzen hat Astrid Lindgren das Spannungsfeld zwischen Trennungsangst und Versöhnung, zwischen Abhängigkeit und Liebe eingefangen. Eltern können lernen, behutsam mit der kindlichen Eigenwilligkeit und dem Wunsch nach Eigenständigkeit umzugehen. Wenn sich mehr Erwachsene entsinnen könnten, wie sie in der Zeit ihrer Kindheit empfunden haben, dann würden neue Generationen bestimmt in einer kinderfreundlicheren Welt aufwachsen.

## Viele kleine Blomquists

Ein weiteres Genre, das Astrid Lindgren ebenfalls souverän beherrscht, sind Detektivgeschichten. Im Jahr 1946 erscheint „Meisterdetektiv Blomquist", der in sein Notizbuch ständig „verdächtige Personen" und „besonders verdächtige Umstände" einträgt. Astrid beteiligt sich mit diesem Buch zum letzten Mal an einem Wettbewerb und gewinnt den ersten Preis für Jugendkrimis. In den Jahren 1951 und 1953 folgen noch zwei weitere Blomquist-Bücher. Die Geschichten handeln von einer sommerlichen Kleinstadtidylle – wo „nichts" passiert –, in der Kinder während ihrer Sommerferien auf Verbrecherjagd gehen.

Es gibt zwei Spielgruppen, die roten und die weißen Rosen, die einander bekämpfen. Sie jagen einen Juwelendieb, der ein richtiger Schurke ist. Im letzten Band werden sie mit einem gefährlichen Kidnapper konfrontiert. Dabei sind die Kinder mutig und voller Abenteuerlust, erscheinen aber nicht als Helden. In „Kalle Blomquist lebt gefährlich" bricht Astrid Lindgren das ungeschriebene Gesetz, daß in Kinderbüchern keine Morde vorkommen sollten: Ein Wucherer wird von einem verzweifelten Kunden umgebracht.

Der Kontrast zwischen der vordergründig heilen Welt und dem Bösen und der Gefahr, die im Verborgenen lauern, erinnert an die meisterhaften Spannungseffekte von Alfred Hitchcock. Durch die Bücher wurde in Schweden sogar die Zusammenarbeit von Jugendlichen und der Polizei gefördert. Seither nennt man die kleinen Helfer von Polizisten „Blomquists". Als Astrid Lindgren aus ihren Blomquist-Büchern im Rundfunk vorliest, wird sie in ganz Schweden bekannt.

## Das kleine, graue Haus

„Rasmus und der Landstreicher" (1956) ist zwar kein Krimi, aber es kommen zumindest in der Nebenhandlung gefährliche Räuber und spannende Situationen vor. Hier ist die Freundschaft zwischen einem kleinen Waisenjungen und einem Vagabunden das zentrale Thema. Dem einsamen Rasmus, der im Waisenhaus von Västerhaga aufwächst, erscheinen eigene Eltern als Inbegriff des Glücks. Der kleine Junge entflieht dem Heim und trifft auf Oskar den Landstreicher. Als die beiden vor dem strömenden Regen Zuflucht in einem leeren und verlassenen Haus finden, erträumt sich Rasmus ein Zuhause: „Er konnte Oskar, nichts darüber sagen, daß er so tat, als hätte er eine richtige Wohnung. Und Oskar wurde für ihn zu einem reichen Kaufmann, mit einer verreisten Frau mit Federhut." [83] Nach verschiedenen Abenteuern findet der kleine Junge endlich genau die Eltern, nach denen er sich im Waisenhaus so gesehnt hat. Wohlhabende Bauersleute wollen ihn adoptieren, weil sie keine eigenen Kinder haben.

Aus Dankbarkeit und Liebe wählt sich Rasmus aber nicht den reichen Bauern auf Stensätra, sondern Oskar, den Habenichts, zum Vater. Im Waisenhaus in Västerhaga werden nur „blondgelockte Mädchen" zur Adoption ausgesucht. Für einen Jungen wie Rasmus hat sich niemand interessiert. Oskar, der Landstreicher, ist der erste Mensch, dem er etwas bedeutet. Jedes Kind, im Grunde jeder Mensch, möchte seinen Platz im Leben finden und nicht zu einer austauschbaren Nummer werden. Der kleine Rasmus hat früh erfahren, daß solche Dinge wichtiger sind als Reichtum oder Schönheit.

Rasmus wird mit Oskar und dessen Frau Martina ein kleines, graues Haus bewohnen. „Die Balken waren alt und blankgewetzt, fast wie Seide. Es war so hübsch ... Was war das doch für ein feines Haus! Er streichelt schüchtern die groben Balken. Mit seiner kleinen, mageren, schmutzigen Hand streichelt Rasmus das Haus, das seine Heimat war." Diese Stelle zeigt, wie Astrid Lindgren mit wenigen Sätzen, einer Aquarellmalerin ähnlich, Stimmungen festzuhalten und in unvergeßliche Sprachbilder umzusetzen weiß. Für viele einsame Kinder, auch für „Waisenkinder mit Eltern", ist das „kleine graue Haus" zum Sinnbild eines Zuhauses geworden. Für dieses Buch wird Astrid Lindgren 1958 in Florenz die „Hans-Christian-Andersen-Medaille", die höchste internationale Auszeichnung für Jugendbücher, verliehen. Auch in Italien gibt es viele begeistert Lindgren-Leser, mehr als dreißig Titel sind übersetzt worden.

Zu den Büchern, deren Geschichten im Alltag angesiedelt sind, gehört auch „Madita" von 1960, die auf schwedisch „Madicken" heißt. Für Madita stand, wie bereits erwähnt, Astrids Freundin Anne-Marie Modell, aber es sind auch einige Züge von ihr selbst in diese Figur miteingeflossen. Vorbild für Elisabeth war ihre jüngere Schwester Stina. Auch die Bücher über „Michel aus Lönneberga" (1963, 1966, 1970) haben einen realen Hintergrund. Michel heißt im Schwedischen Emil, aber mit Rücksicht auf Erich Kästners „Emil-Bücher" bekam er auf deutsch diesen Namen.

Ein Chronist berichtet über das Leben auf Katthult, über ausgelassene Viehmärkte, verzwickte Glaubensverhöre und üppige Festessen.

## Der småländische Michel

Michels Mutter schreibt den ganzen Unfug ihres Sohnes gewissenhaft in ihren blauen Schreibheften auf. Für den sparsamen Vater stellt das nichts anderes als eine Vergeudung von Bleistiften dar. Diese Tagebücher werden zu einer Art historischer Quelle. „Das Tempo der Burleske, die Komödientypen (der Vater ist vom Schlage eines Molièrschen Geizigen), die ahnungslose Mutter als Tagebuchschreiberin – all das wird zusammen zu einer unschlagbar komischen Mixtur."[84] Mit seinem Einfallsreichtum stellt Michel die geordnete småländische Welt Tag für Tag auf den Kopf. Und regelmäßig wird er zur Strafe für seine Streiche in den Tischlerschuppen gesperrt, wo er über die Zeit mehr als hundert Holzmännchen schnitzt.

Bei der Michel-Trilogie wurde der Vater Samuel August für Astrid Lindgren zum „Nachschlagewerk" über die Gepflogenheiten, Schnurren und Schwänke des „ungehobelten" Bauernvolkes. Er selbst hat in seinem „Schlingelalter" wie Michel für einige Öre die Gatter für einen Bauern geöffnet und in einer einzigen Augustnacht Hunderte von Krebsen gefangen. Ob auf Jahrmärkten, bei Versteigerungen oder beim Katechismusverhör zu Hause: Samuel August erwies sich als ebenso gewandt wie der kleine Junge aus Lönneberga.

Ähnlich wie die bekannten „Lausbubengeschichten" von Ludwig Thoma stehen auch die Michel-Bücher in der Tradition der „Schelmengeschichten". Ludwig Thoma entlarvt mit seinem kritisch-satirischen Stil die Überheblichkeit und Beschränktheit der Erwachsenen. Allerdings waren die „Lausbubengeschichten", obwohl aus der Sicht eines Jungen erzählt, ursprünglich nicht für Kinder geschrieben worden.

Mit ihren Michel-Geschichten fiel Astrid Lindgren in den sechziger Jahren aus dem Rahmen, denn damals schrieb man in Schweden meist ernste, sozialkritische Kinderbücher. „Die schwedischen Autoren der sechziger und siebziger Jahre hatten kaum etwas ausgelassen, was an Rebellion Jugendlicher gegen die Elterngeneration denkbar wäre, angefangen vom Streik im Kindergarten bis hin zur Sexparty im elterlichen Haus."[85] Aber Astrid Lindgren hat sich noch nie um modische Trends gekümmert. Der Humor, mit dem sie von Michels Streichen erzählt, bringt Kinder und Erwachsene gleichermaßen zum Lachen. Wie schon bei Pippi finden sich Elemente von Slapstick und Parodie, von Wortspielen und Nonsens. Die Geschichten scheinen mit leichter Hand hingeschrieben zu sein, dahinter aber verbirgt sich die ausgeklügelte Erzähltechnik von Astrid Lindgren.

## Ein kleiner dicker Onkel

Grotesk und voller Witz wirken auch die Geschichten von „Karlsson vom Dach" (1955, 1962, 1968), die sowohl im realen Stockholm als auch in einer Phantasiewelt angesiedelt sind. Der dicke Karlsson bewohnt ein Häuschen, das oben auf einem Dach steht, versteckt hinter einem Schornstein. Karlsson mit seinem eingebauten Propeller taucht im Leben des kleinen Jungen Lillebror auf, wann es ihm gerade in den Sinn kommt. Er ist ein unausstehlicher Typ und verkörpert die unangenehmen Eigenschaften, die in uns allen schlummern, die wir aber gerne verdrängen. Der beste Karlsson der Welt ist egoistisch, rücksichtslos und hemmungslos, stur, gibt an, lügt und betrügt. Dazu ist er launisch, mal quietschfidel, mal tieftraurig und meist bockig. Aber er ist auch ein guter Freund.

Karlsson wirkt zwar wie ein kleiner dicker Onkel, ist im Grunde jedoch viel kindlicher als der siebenjährige Lillebror. Seine selbstherrliche und schillernde Persönlichkeit steht im Kontrast zur ganz gewöhnlichen Familie Svantesson. Die ganze Borstigkeit von Karlsson zeigt sich in seinen Anworten, die voller Widersprüche sind und dabei auf eine unerwartete Weise logisch. Er zeigt, daß es nicht immer so einfach ist, auf Fragen mit ja oder nein zu antworten. Sicher gefällt es kleinen Lesern, daß der allergescheiteste Karlsson der Welt nicht genau weiß, wie man Begriffe richtig anwendet. Aber er ist schlagfertig und liebt es, neue Worte zu erfinden. Will er jemanden richtig ärgern, dann nennt er das tirritieren, figurieren und schabernacken. Manche seiner Ausprüche, wie „Das stört doch keinen großen Geist!", sind inzwischen zu geflügelten Worten geworden.

In den drei Karlsson-Bänden wächst Lillebror innerlich und übernimmt langsam immer mehr Verantwortung für seinen dicken Freund. Karlsson spornt Lillebror ständig an, alle möglichen Verbote zu übertreten. So sammelt der kleine Junge neue Erfahrungen und erweitert seinen Horizont. Wie Pippi entwickelt sich dagegen der herrlichschreckliche Karlsson nicht weiter, er bleibt immer der gleiche. Manch einer wünschte sich, so einen Kobold bei sich zu haben, dem er alles Mögliche in die Schuhe schieben kann. „Es gibt keine Kinderbuchfigur, die ich so liebe wie den gefräßigen, selbstherrlichen, eigenwilligen, gerade richtig dicken Mann in seinen besten Jahren; den besten Ausdenker der Welt, den besten Dampfmaschinenaufpasser der Welt, den besten Tortenesser der Welt: den Karlsson vom Dach", schreibt Christine Nöstlinger.[86]

## Die Russen lieben Karlsson

Was für die deutschen Kinder Pippi ist, das ist für die kleinen Russen Karlsson vom Dach. Millionen von Kindern haben in der ehemaligen UdSSR Astrid Lindgrens Bücher gelesen. Von Karlsson wurden allein dreieinhalb Millionen Exemplare verkauft, und die Lindgrenschen Bücher wurden in sämtliche Sprachen der Sowjetunion übersetzt. Astrid Lindgren wurde 1987 mit dem Leo-Tolstoi-Preis ausgezeichnet. Der schwedische Kulturattache Beng Eriksson, der bei der Verleihung zugegen war, meinte, Astrid Lindgren würde in der Sowjetunion zu den großen internationalen Schriftstellern zählen. Besonders gelobt wurde, in welcher Weise sie Kindern Liebe und Güte vermittelt.

Als 1960 ein Theaterstück über Karlsson aufgeführt wurde, stand in der „Literaturnaja Gaseta": „Er ist das Symbol für eine unschuldige, unverdorbene Kindheit – einer Kindheit, an die wir uns kaum erinnern oder die wir nicht akzeptieren können." Die Iswestija schrieb, die „Zauberin aus Schweden" sei für alle Kinder in der Welt eine gute Freundin und eine kluge Erzieherin. Ende der achtziger Jahre haben auch politische Größen wie Michail Gorbatschow den besten Karlsson der Welt gepriesen, im Gegensatz zu den marxistischen Literaturforschern in Schweden selbst. Für diese humorlosen Marxisten verkörpert Karlsson einen Privategoismus mit seinen typisch bürgerlichen Triebkräften von Rücksichtslosigkeit und Selbstbehauptung. Sie meinen, es ginge Astrid Lindgren mit ihren aufrührerischen Gestalten wie Karlsson, Pippi oder Michel zwar um die Umverteilung von Macht, aber unter den gleichen menschenfeindlichen Bedingungen wie in der kapitalistischen Erwachsenenwelt.

In Rußland ist Karlsson selbst Taxi-Chauffeuren ein Begriff. Der russische Botschafter in Schweden, Boris Pankin, erzählte Astrid Lindgren, es gäbe in jedem russischen Haushalt zwei Bücher: Die „Bibel" und „Karlsson vom Dach". Da erwiderte sie nur: „Wie interessant, ich hatte keine Ahnung, daß in Rußland die Bibel so verbreitet ist." Man erzählt, daß Russen, denen ein schwedischer Geschäftsmann namens Karlsson vorgestellt wird, oft kaum das Lachen unterdrücken können.

Als der Ministerpräsident Ingvar Carlsson im April 1986 nach Moskau kam, sagte ein kleiner russischer Junge voll Bewunderung: „So, so, er hat es sogar zum Ministerpräsidenten gebracht." Ingvar Carlsson meint: „Ich bin viel gereist, aber wo immer ich hinkomme, Pippi Langstrumpf ist schon vor mir dagewesen." In Japan ist Astrid Lindgren so populär wie Selma Lagerlöf und Lewis Carroll. Ihre Bücher werden seit 1964 übersetzt. Großes Interesse finden besonders „Pippi Langstrumpf", „Die Brüder Löwenherz" und „Ronja, Räubertochter". Ähnlich wie in Schweden und in Deutschland zeigte man sich aber auch in Japan zunächst über die „abartige" Pippi schockiert.

## Ein Däumling zieht ein

In ihren frühen Werken schildert Astrid Lindgren meist die sichere und heitere Welt ihrer eigenen Kindertage. Später folgen Erzählungen, in denen sie auch vom traurigen Los kranker, einsamer und ängstlicher Kinder berichtet, wie in ihren Märchen „Nils Karlsson-Däumling" und im „Lande der Dämmerung" ( Im Wald sind keine Räuber, 1949) oder in den Märchen- und Sagenromanen „Mio, mein Mio" (1954) und „Die Brüder Löwenherz" (1973). Astrid Lindgren hat in ihrer Jugend selbst eine schwere Zeit durchlebt, als sie gezwungen war, sich von ihrem kleinen Sohn zu trennen. Daher kann sie sich besonders gut in Kinder einfühlen, die auf der Schattenseite des Lebens stehen. In vielen Erzählungen werden die Grenzen durchlässig, die unsere ganz alltägliche Welt vom phantastischen Märchenreich trennen. Eindrücklich schildert sie zum Beispiel in „Nils Karlsson-Däumling" das triste Los des armen Schlüsselkindes Bertil, das sich in seiner ungeheizten Wohnung ganz verlassen vorkommt. Er findet das Alleinsein kein bißchen nett. Tränen laufen über sein Gesicht, seit dem Tod seiner Schwester Märta erscheint ihm alles nur mehr traurig und langweilig.

Gerade in dem Augenblick, als die Verzweiflung ihn zu überwältigen droht, hört er kleine trippelnde Schritte unter dem Bett. Er sieht den winzigen Nils Karlsson-Däumling, der von einer Baumwurzel im Birkenwald in eine ärmliche Stadtwohnung, das heißt in ein Rattenloch gezogen ist. Für Bertil öffnet sich eine völlig neue Welt. Jetzt braucht er nur auf einen Nagel vor der Rattenwohnung zu drücken und „Killevips" zu sagen, und schon wird er so winzig wie sein neuer Freund. Nils, der Däumling, ist noch schlechter dran als das einsame Schlüsselkind, und Bertil kann für ihn sorgen. Er erwärmt mit abgebrannten Streichhölzern die winzige Wohnung und kocht ihm etwas. Die Behausung ist mit Puppenmöbeln der verstorbenen Schwester eingerichtet. Das Schönste aber ist: Von nun hat es Bertil auch lustig, wenn die Eltern nicht da sind. Er weiß, daß ein Freund auf ihn wartet.

## Bo fliegt über den Sternenhimmel

Viele Leser betrachten „Mio, mein Mio" als Astrid Lindgrens gelungenstes Werk, als ihren größten künstlerischen Durchbruch (Vivi Edström). In dieser phantastischen Erzählung wird zwischen Gut und Böse, Schwarz und Weiß klar unterschieden. Astrid Lindgren beherrscht auch die literarische Gattung des Märchens in meisterlicher Weise. In der Geschichte von Mio geht es um das tiefe kindliche Bedürfnis, angenommen und geliebt zu werden. Einsamkeit ist für Kinder schwer zu ertragen. Der schöne Satz: „Es ist gleich, welchen Weg wir gehen, wenn wir ihn nur zusammen gehen" bezeugt, daß unser Leben erst durch die Gemeinschaft einen Sinn bekommt. Dem kleinen Bo Vilhelm Olsson mangelt es an fast allem, was Glück für ein Kind ausmacht. Erst wohnt er in einem Kinderheim, dann kommt er zu Pflegeeltern, die ihn nicht leiden mögen. Wieder öffnet sich die andere Welt, das Land in der Ferne, als sich der kleine Junge völlig verlassen fühlt.

Die Alltags- und die Phantasiewelt sind voneinander abgegrenzt, stehen aber in magischer Verbindung zueinander. Das Wunderbare dringt durch banale Dinge ein: Ein Apfel vergoldet sich, auf einer Postkarte, die Bo einwerfen soll, steht plötzlich eine Nachricht an den „König im Land der Ferne", und der Geist, der ihn dorthin bringen soll, ist in eine Bierflasche eingesperrt. „Daß der Geist in der gewöhnlichsten aller Flaschen gefangen ist, ist typisch für die Scherzlust der Autorin, die bei ihr von Ernst und Trauer nie weit entfernt liegt." [87]

Für Bo beginnt mit seinem Flug durch den nächtlichen Sternenhimmel ein neues Leben. Im „Land der Ferne" wird er zum Prinzen Mio und von seinem Vater, dem König, innig geliebt. Für eine Zeit darf er sein Glück aus vollem Herzen genießen. Der Faden zu seinem früheren Leben aber reißt nicht ab. Bisweilen sehnt er sich nach Benka, seinem einzigen Freund in Stockholm. Doch nicht lange darf er im paradiesischen Gefilde verweilen, schon bald warten wichtige Aufgaben auf ihn. Prinz Mio soll das Land vor dem grausamen Ritter Kato retten, der alles, was in seine Nähe kommt, zu Stein werden läßt. Das Böse manifestiert sich in der Versteinerung des Lebens. Durch diese Heldenprüfungen wird aus dem ängstlichen Knaben ein Held, die Furcht verläßt ihn jedoch nicht völlig. Mio kann ihr nur standhalten, weil er um die Tragweite seines Auftrages weiß.

## Kampf gegen Kato

Gleich einem Drachentöter-Märchen kommen Prinz Mio bei seinem schwierigen Kampf mit dem Bösen magische Dinge zu Hilfe wie der Tarnmantel, das Zauberschwert und die fliegenden Pferde. Erst als der kleine Held den bösen Kato überwunden hat, gewinnt das Leben seine dynamische Kraft wieder, kehren die Gefühle von Trauer und Liebe, von Freude und Hoffnung zurück. Die verzauberten Vögel verwandeln sich erneut in Kinder voller Lebenskraft – ein Sinnbild dafür, daß Menschen von kleinauf dagegen ankämpfen müssen, daß ihre Gefühle nicht ersticken und ihre Herzen nicht versteinern. Ein grünes Blatt zeigt an, daß die Zeit der Versteinerung nun endgültig vorüber ist. Die kleine Milimani, die sich als verwunschener Vogel geopfert hatte, um Mio und seinen Freund Jum-Jum zu retten, wird, in den Tarnmantel gehüllt, zu neuem Leben erweckt.

Von dem immer wiederkehrenden melodischen Satz, „Mio, mein Mio", der sich durch das ganze Buch zieht, geht eine beruhigende Kraft aus. Allmählich überträgt sich die Liebe des Königsvaters zu seinem Sohn auch auf den Leser. „Daß aber frühere kindliche Vorstellungen von der magischen Kraft des Wortes immer in uns lebendig sein können, läßt sich aus dem schließen, was wir erleben, wenn wir von Poesie, Musik und Literatur tief beeindruckt werden, denn dann fühlen wir uns von ihrer Magie berührt", schreibt Bruno Bettelheim.[88] Anders als im Volksmärchen, wo die Bösen nur böse sind, leidet Ritter Kato unter seiner eigenen Bosheit am meisten. Indem Mio ihn tötet, erlöst er ihn. Wie in der Geschichte vom Vogel Phönix, gewinnt Kato die Freiheit in Gestalt eines Vogels. Nach dieser Nachtfahrt im Kampf mit den dunklen Mächten bricht ein neuer Tag an.

Die Natur nimmt in dieser Erzählung eine wesentliche Rolle ein. Am Anfang genießt Mio sein Glück in einem Rosengarten. Es kommen immer wieder Rosen-Wörter vor, die die Schönheit des Lebens umschreiben. Die Landschaft ist aber auch von der Macht des Bösen gezeichnet. In Katos „Land Außerhalb" gibt es weder Blume noch Baum noch Gras, und der See und der Wald sind tot. „Ich glaube nicht, daß Bäume dem verzeihen können, der ihre kleinen grünen Blätter getötet hat", heißt es (S. 109) und: „Ich glaube nicht, daß die Erde dem verzeihen kann, der das weiche grüne Gras getötet hat, das doch einmal lebte" (S. 113). Astrid Lindgren hat mit diesen Sätzen schon vor vierzig Jahren ein Lebensgefühl vorweggenommen, mit dem in unserer Epoche der Umweltzerstörung bereits kleine Kinder konfrontiert werden. „Die Menschen sollten begreifen, daß Bäume Leben bedeuten, und wenn die Menschen gegen die Bäume vorgehen, dann gehen sie gegen ihr eigenes Leben vor", steht im Brief eines Neunjährigen.[89]

## Es sitzt kein Bosse auf der Bank

Wie im herkömmlichen Märchen steht auch in „Mio, mein Mio" die Natur auf der Seite des Guten und unterstützt den Helden bei seinem Kampf. „Die Sympathie, die von den Märchenhelden ausgeht, die ihn zu einer Identifikationsfigur gerade für Kinder und Jugendliche macht, gründet ...darauf, daß er die Natur achtet, daß er nicht nur bedürftigen Menschen hilft, sondern ganz selbstverständlich auch Tieren, mit ihnen Freundschaft schließt, daß er versucht Kontakte zu Sonne, Mond, Gestirnen und Winden aufzunehmen."[90] Mio und seinem Weggefährten gewährt ein hohler Baum in der Gefahr Schutz. Selbst die steile Felsenwand verhindert, daß die beiden in die Tiefe stürzen. In den schrecklichsten und spannendsten Augenblicken weist Astrid Lindgren immer wieder auf die nächtlichen Alpträume ihrer kleinen Leser hin. Sie erfahren so, daß auch andere Menschen von Nachtmahren geängstigt werden.

Man kann den Schluß der Bücher verschieden verstehen. Wer meint, Bo Vilhelm Olsson befände sich immer noch einsam auf seiner Bank, für den ist die Geschichte nur ein Wachtraum, der nichts an der tristen Wirklichkeit ändern kann. Mit dieser Deutung aber wird den Kindern die Hoffnung auf ein gelungenes Leben genommen. Glaubt man, daß Diesseits und Jenseits ineinanderfließen, dann können im biblischen Sinn gerade die Trauernden selig sein, weil sie getröstet werden sollen. Margareta Strömstedt ist der Ansicht, die Erwachsene in Astrid Lindgren wüßte, daß Bo mit seinen Phantasien am Schluß immer noch im Tegnérlunden sitzt, aber das Kind in ihr sträube sich gegen diese Vorstellung.[91] „Es sitzt kein Bosse auf irgendeiner Bank im Tegnérpark. Denn er ist im Land der Ferne. Im Land der Ferne ist er, sage ich ... Bo Vilhelm Olsson ist im Land der Ferne, und er hat es gut dort, so gut, bei seinem Vater, dem König."[92] Diese Schlußsätze des Buches klingen, als müsse sich Astrid Lindgren selbst davon überzeugen, daß es wirklich so ist.

Wie bei anderen Werke war das Urteil der Rezensenten geteilt. Viele waren davon angetan, wie Astrid Lindgren mit diesem Buch dem Märchen eine neue Form gibt. Daß es ihr gelungen sei, diese „völlig ausgeschlachtete Gattung" zu erneuern, käme einem Wunder gleich, stellt Vivi Edström fest. Andere warfen ihr vor, sie ertränke die „frohen schwedischen Kleinen in Tränen der Sentimentalität" (Gunnar Reihnhard). Astrid Lindgren will aber gerade, daß Kinder ihren Gefühlen freien Lauf lassen können. Ihre klare Sprache zwischen Ernst und Witz, zwischen Alltäglichem und Phantastischem, ist frei von larmoyanter und kitschiger Gefühlsduselei. Wieder andere Kritiker forderten, die Kinder in der Nachkriegszeit sollten weder mit Tod und Schrecken noch mit Hexen und Drachen konfrontiert werden.

Astrid Lindgren wies darauf hin, daß ja auch Kinder nicht von existentiellen Problemen verschont bleiben. Da könnten gerade Märchen, die weder Schreckliches noch Trauriges aussparen und das Leben im schwärzesten Schwarz und im rötesten Rot schildern, ihnen dabei helfen, diese Dinge zu verkraften. Als man sie 1958 in einem Radiogespräch fragte: „Ist ›Mio, mein Mio‹ nicht ein ziemlich schreckliches Buch?", erwiderte sie schlagfertig: „Doch, deshalb lieben es die Kinder." Später wurde sie durch das bekannte Buch von Bruno Bettelheim „Kinder brauchen Märchen" bestätigt. In der Einleitung der schwedischen Ausgabe seines Buches führt Hans Gordon „Die Brüder Löwenherz" als ein Buch an, dessen positiver Einfluß der Wirkung alter Märchen gleiche. Es zeige Kindern, wie sie mit inneren und äußeren Konflikten umgehen können.

Allmählich begannen auch Pädagogen zu verstehen, daß gerade Märchen Kindern helfen können, ihre Ängste und Konflikte abzubauen. Durch die Bilderwelt der Märchen gelingt es ihnen, Tagträume besser zu verarbeiten, und sie lernen zugleich, ihrem Leben eine ordnende Kontur zu geben, meint Bettelheim. „In den Märchen kommen die schweren inneren Spannungen des Kindes so zum Ausdruck, daß es dies unbewußt versteht; und ohne die heftigen inneren Kämpfe des Heranwachsens herunterzuspielen, bieten sie Beispiele dafür, wie bedrückende Schwierigkeiten vorübergehend oder dauerhaft gelöst werden können."[93] Die symbolischen Figuren helfen, die kindlichen Konflikte und neuen Erfahrungen ohne Angst zu verarbeiten. Bettelheims psychoanalytische Thesen, die meist aus den zwanziger Jahren stammen, sind allerdings nicht unwidersprochen geblieben. Vor allem warf man ihm vor, er bliebe den Beweis dafür schuldig, daß Märchen für Kinder hilfreicher seien als die realistische Literatur.

Astrid Lindgren hat ihre eigene Märchenform gefunden und neue Gestalten geschaffen, die meist im schwedischen Milieu beheimatet sind. Bei ihr fehlen die metaphysischen und religiösen Züge, wie sie zum Beispiel für C. S. Lewis' Narnia-Bücher charakteristisch sind. Durch die Welt der Phantasie sollen die Kinder gestärkt werden, damit sie die Aufgaben und Herausforderungen des konkreten Lebens besser meistern können. Für Sybil Gräfin Schönfeldt zeichnet sich Astrid Lindgrens Begabung dadurch aus, daß sie sich in den Gefilden der Poesie und der Phantasie mit der gleichen Sicherheit zu bewegen weiß wie im gewöhnlichen Alltag. „Ihre Leistung liegt darin, daß sie den Kindern beides gibt, Trost und Ansporn. Trost, weil es wohl wahr ist, daß der Mensch als Erwachsener oft genug keinen Trost erfährt, weil ein Kind gerade deshalb Trost braucht, um – wie der Prinz in der ›Zauberflöte‹ standhaft und tapfer zu werden."[94]

## Ein Totenmärchen für Kinder

Mit ihrer Erzählung „Die Brüder Löwenherz" zeigt Astrid Lindgren erneut, daß Kinder Aufregungen sehr wohl vertragen können und daß sie sich mit wirklichen Lebensproblemen auseinandersetzen wollen. Dieses Werk entfachte gleich nach seinem Erscheinen erneut erregte Diskussionen. Marxistische Studenten der Universität Göteborg warfen ihr vor, sie fliehe vor der gesellschaftlichen Wirklichkeit ins Phantastische und vermittle den Kindern ein falsches Realitätsbewußtsein. Manche Kritiker empörten sich, in diesem „Totenmärchen für Kinder" würde der Kinderselbstmord verherrlicht. Wieder andere priesen das hohe Lied der geschwisterlichen Freundschaft und den Trost, den das Buch Kindern spenden würde, die vom Tod betroffen sind.

Dieses Werk erinnert an eine Helden- und Rittersage. Der Held Jonathan ist wie Mio stark stilisiert und besitzt all die Eigenschaften, die einen Helden auszeichnen. Er opfert zweimal sein Leben, um andere zu retten, wird zum Führer der Unterdrückten und zum Retter vor den bösen Mächten. Jonathan verkörpert die lichte Gestalt des vollkommenen Ritters, während der kleine Krümel für die Unvollkommenheit der gewöhnlichen Menschen steht. Der kleine, schwerkranke neunjährige Junge lebt mit seiner Mutter in einer ärmlichen Zwei-Zimmer-Wohnung und kann weder zur Schule gehen noch mit anderen Kindern spielen.

Lange Zeit war die Thematik des Todes und der Angst vor dem Sterben in der Kinderliteratur tabu. Astrid Lindgren macht sie zum Zentrum eines ganzen Buches. Karl Löwe, Krümel genannt, wird in der Erzählung gleich dreimal mit dem Tod konfrontiert. Zunächst wird er von Todesängsten geplagt, als er erfährt, daß er bald sterben muß. Dann verliert er seinen geliebten Bruder, der ihn aus einer Feuersbrunst rettet. Schließlich entscheidet er sich am Ende der Geschichte freiwillig dafür, gemeinsam mit Jonathan in den Tod zu gehen, um nach Nangiliama zu gelangen.

## Kein Häuflein Dreck

Der einsame Krümel träumt auf seiner Küchenbank davon, mit Jonathan im Kirschtal, diesem Garten Eden, wiedervereint zu sein. Jonathan kehrt als weiße Taube aus dem Totenreich zurück und lädt Krümel ein, ihm nachzufolgen.

Die beiden Brüder Löwenherz, wie sie nun genannt werden, treffen im Zwischenreich Nangijala wieder zusammen. Für kurz darf Krümel, wie Mio auf der Insel der grünen Wiesen, eine glückliche Zeit voll des Spieles verbringen. Auch hier steht die Natur auf der Seite des Guten. Im Kirschtal, in dem die Menschen den Frieden lieben, gibt es satte grüne Wiesen, sanft plätschernde silberne Flüsse, blüht ein weißes Meer von Kirschblüten, duften rosafarbene Heckenrosen.

Bald zeigt es sich, daß dieses Todesreich doch kein friedvolles Paradies ist. Krümel spürt, daß selbst Sofia, die Taubenkönigin, einen geheimen Kummer im Herzen trägt. Und er erfährt, daß das Heckenrosental vom Tyrannen Tengil von Karmanjaka und seinen Soldaten unterdrückt wird. Der Despot versucht, auch das Kirschtal mit Hilfe eines Verräters in seine Gewalt zu bringen. In Tengils Verhalten seinen Opfern gegenüber zeigt sich das ganze Ausmaß seiner Unmenschlichkeit. „Tengil aber hörte das Weinen nicht. Er saß dort hoch zu Roß, und jedesmal, wenn er auf jemanden zeigte und damit zum Sterben verurteilte, blitzte der Diamant an seinem Zeigefinger auf. Es war furchtbar, nur mit seinem Zeigefinger verurteilte er Menschen zum Tode!“[95] Das Land und seine Bewohner werden auch von zwei Ungeheuern, dem Drachenweibchen Katla und dem Lindwurm Karm, bedroht. Es sind Symbole des Bösen, die sich schließlich gegenseitig vernichten.

Jonathan entscheidet sich freiwillig zum Kampf gegen den Tyrannen und erklärt dem Bruder den Sinn seines Entschlusses: Es gibt Dinge, die man tun muß, sonst ist man kein Mensch, sondern nur ein Häuflein Dreck. Hier liegt die politische Dimension dieses Buches. Durch ihre Arbeit bei der Briefzensur im Spätsommer 1940 hat Astrid Lindgren erfahren, wieviel Böses unzähligen Menschen zugefügt worden ist. Ihre Kriegstagebücher geben Zeugnis davon, wie tief sie Hitler verabscheut. „Die Judenverfolgung war das größte Verbrechen der Geschichte. Ich kann immer noch rasend werden, wenn ich höre, daß man, was geschehen ist, bagatellisieren will."[96] Nach dem Krieg liest sie die Memoiren von Rudolf Höß, dem Lagerkommandanten von Auschwitz, und wird dadurch in ihrer Vision von der Herrschaft des Bösen noch bestärkt.

## Wo sind die Wurzeln des Bösen?

Wenn die unmenschliche Gestalt von Tengil Züge von Hitler trägt und das Ungetüm Katla den Nationalsozialismus versinnbildlicht, dann verkörpern Sofia und all die anderen mutigen Bewohner des Kirsch- und des Heckenrosentals die Widerstandsbewegung in Deutschland und in anderen Ländern, schreibt Gunilla Zimmermann.[97] Wie viele Widerstandskämpfer gerät auch Jonathan ins Dilemma, daß man beim Kampf für das Gute oft nicht um die Anwendung von Gewalt herumkommt. Eine Kinderbuchgruppe in Göteborg hat das Buch für seine Darstellung des Bösen kritisiert. Man bemängelte, Astrid Lindgren hätte die „Wurzel des Bösen" sorgfältiger untersuchen und darstellen sollen, warum Tengil so böse handelt. Das Böse sei böse und bekäme keine Chance der Bewährung oder Wiedergutmachung eingeräumt.

Andere Kritiker befürchten, daß die Darstellung des Freiheitskampfes mit einem *unerklärlich Bösen* die wirklichen Freiheitsbewegungen in aller Welt beleidigen würde. „Wir haben inzwischen gelernt, daß die Gewalt in der Welt nicht wie ein Sturmwind in der Wüste verschwindet. Nicht einmal im Märchen."[98] Die Kinder aber werden sich um diese Einwände wohl so wenig kümmern wie Astrid Lindgren, und für sie hat sie dieses Trost-Buch schließlich geschrieben. Die Erzählung hilft ihnen, mit ihren eigenen Todesängsten umzugehen. Sie erleben, daß auch der körperlich schwache Krümel im Reich der Phantasie mutig wird und gefahrvolle Taten vollbringen kann.

## Getragen von Hoffnung

Wie schon bei „Mio, mein Mio" sind die guten und die bösen Einflüsse voneinander getrennt. Es gibt einen Bereich mit freien und glücklichen Menschen und ein unterdrücktes Land, in dem Terror und Schrecken herrschen. Doch auch Gut und Böse sind nicht auf Anhieb voneinander zu unterscheiden. Der vermeintliche Verräter erweist sich als Helfer und Freiheitsheld, und der wirkliche Verräter tarnt sich hinter einer freundlichen Maske, um die Herrschschaft über das Kirschtal an sich zu reißen. Jonathan siegt zwar im Entscheidungskampf, wird dabei aber vom Feuer des heimtückischen Drachenungeheuers unheilbar verletzt.

Die beiden Brüder gehen mit einem freiwilligen Sprung in den Tod, getragen von der Hoffnung, nach Nangilima zu gelangen, ins Land der Erlösung, wo es das Böse nicht gibt und wo Mensch und Tier in Freundschaft und Frieden zusammenleben. Die beiden Reiche nach dem Tod sind Phantasiegebilde, die den kleinen Krümel trösten und ihm helfen sollen, auch ohne seinen geliebten Bruder Jonathan weiterzuleben. Einige Rezensenten sehen darin „eschatologische Opfertodszenen buddhistischer Jenseitsvorstellungen" und fragen sich, ob das tiefsinnige Metaphysik oder synkretistischer Schwulst sei. In ihrer unvergleichlich direkten Art hat Astrid Lindgren zum „metaphysischen" Hintergrund ihres Buches Stellung genommen: „Ich glaube weder an Nangijala noch an Nangilima oder an den Himmel oder irgend etwas. So ist es. Die Erwachsene in mir weiß, daß es so ist. Das Kind in mir akzeptiert es nicht. Deshalb sag ich dir, erzähl das nicht einem Kind, sonst haue ich dir eine herunter."[99]

## Von wilden Räubern

Im Jahr 1982 erscheint Astrid Lindgrens letztes größeres Werk, der Räuberroman „Ronja Räubertochter". In der Kinder- und Jugendliteratur sind Räuber entweder Rebellengestalten wie Robin Hood, die eher die Züge eines Helden als eines Verbrechers tragen. Oder sie sind finstere Gesellen, die als Diebe, Wegelagerer oder Mörder ihr verwerfliches Unwesen treiben. Astrid Lindgren zieht in ihrem Buch alle Register, die zu einer Räubergeschichte gehören: Prügeleien und Grausamkeiten, primitive Lebensfreude, Angst und Brutalität.[100] Schon in der Titelgeschichte ihres Märchenbuches „Im Wald sind keine Räuber" (1949) kommen Räuber vor, die sich auf „Ali Baba und die vierzig Räuber" aus „Tausendundeine Nacht" beziehen.

Die Räuber stehen für das Wilde und Gewaltsame, das in uns allen lebt. Auch im mächtigen Glupafall und den grausamen Wilddruden spiegeln sich die menschlichen Aggressionen wider, die zwar gezähmt, aber nicht völlig überwunden werden können. Mit ihrer Volksmystik und ihren Naturschilderungen ist „Ronja Räubertochter" ganz in der nordischen Tradition angesiedelt. Die Sprache ist kraftvoll und rhythmisch, manchmal grenzt sie fast schon ans Vulgäre. Die lakonische Ausdrucksweise gemahnt an eine isländische Saga, diesem frühsten europäischen Zeugnis mittelalterlicher Erzählkunst.

Die beiden Räuberhäuptlinge Mattis und Borka führen die generationenalte Vendetta zwischen ihren beiden Sippen weiter. Ronja und Brik, ihre Kinder, hingegen lassen sich nicht in das Haßschema zwängen und weigern sich, das Räuberhandwerk weiter auszuüben. Wie immer bei Astrid Lindgren verkörpern Kinder die Stimme der Vernunft. Ronja und Brik halten allen Widerständen zum Trotz, wie Romeo und Julia, an ihrer Freundschaft fest. Aber anders als im Shakespeare-Drama gibt es ein Happy-End. Durch ihre Entschlossenheit öffnen sie auch den Erwachsenen neue Wege, ihre Konflikte auszutragen und sich zu versöhnen. Mit dem Sprung über den Höllenschlund ins Feindesgebiet hinein überwinden die beiden auch symbolisch die tiefe innere Kluft, die zwischen den entzweiten Sippen besteht.

## Ronja im Mattiswald

Hier sind die Guten und die Bösen nicht voneinander unterschieden. Beide verfeindeten Parteien, die Borka- und die Mattisräuber, sind gleich streitsüchtig, wild, hitzköpfig, selbstsüchtig und raffgierig. Der Ton, in dem die Räuber miteinander verkehren, ist voll herzerfrischender Respektlosigkeit und witziger Repliken. Ronja, die in einer dramatischen Gewitternacht zur Welt kommt, verbringt ihre ersten elf Lebensjahre auf der Mattisburg, ganz unter Erwachsenen: mit der Mutter Lovis, dem Vater Mattis und den zwölf Räubern. Beim Anblick des kleinen Mädchens schmelzen sogar diese ungehobelten und wilden Kerle dahin. Bis zum elften Lebensjahr wird Ronjas Lebensweg in knappen Zügen dargestellt. Dann schicken sie die Eltern in den Mattiswald, damit sie selbst lernt, die Gefahren zu meistern, die dort lauern.

Die Natur spielt in diesem Buch eine Hauptrolle. Sie wird realistisch geschildert und greift nicht, wie in „Mio, mein Mio", in den Daseinskampf der Menschen ein. Kinder und Wald gehören in der schwedischen Literatur schon aus Tradition zusammen (Vivi Edström). Mit ihrem gellenden „Frühlingsschrei", einem Urschrei, in dem die elementaren Lebenskräfte mitklingen, drückt Ronja ihre ungebändigte Freude über die Schönheit der Schöpfung aus. Im Mattiswald ist man am sichersten, wenn man sich nicht fürchtet. Hier herrscht aber keine paradiesische Harmonie, man muß lernen, mit den dunklen und bedrohlichen Kräften umzugehen.

„Kinder und Uhren dürfen nicht beständig aufgezogen werden. Man muß sie auch gehen lassen", heißt es in einem Wortspiel von Jean Paul. Mattis und Lovis schicken Ronja in den Mattiswald, damit sie ihre eigenen Erfahrungen machen kann. Sie wollen sie nicht, wie so viele Eltern, vor den Unbillen des Lebens bewahren. Nur einige generelle Warnungen geben sie ihr mit auf den Weg, wie man sich vor den Gefahren „hütet". Das kleine Räubermädchen übt sich darin, sie lernt drohendem Unheil zu entgehen und die eigene Angst zu überwinden. Schließlich wird sie wie ein kleines gesundes Tier geschmeidig, stark und furchtlos. Es gelingt ihr, wenn auch nur um Haaresbreite, den todbringenden Krallen der Wilddruden zu entkommen, die sich ganz unvermutet auf die Menschen stürzen.

## Eine große Vatergestalt

Rasch und eindrücklich werden die Schreckenszenen geschildert. Die schrecklichen Vögel kreischen, daß es durch Mark und Bein geht: „Wo ist das Menschlein, wo ist es, wo ist es? Komm hervor, dann zerkratzen wir dich, dann zerfetzen wir dich, das Blut soll fließen, hoho!" [101] Die Druden verschwinden wieder in die Berge und können nicht wie das Böse in der Gestalt Katos in „Mio, mein Mio" oder wie Tengil in „Die Brüder Löwenherz" überwunden werden. Die Gefahren, die in der Natur lauern, verschwinden nicht endgültig. Die Menschen können sich am besten gemeinsam vor ihnen schützen, wenn es ihnen gelingt , friedlich zusammenzuleben.

Ein wichtiges Thema dieses Buches ist die Beziehung zwischen dem Räuberhauptmann und seiner Tochter. Mattis kann mit Fug und Recht zu den großen Vatergestalten der schwedischen Literatur gerechnet werden, meint Gunilla Zimmermann. „Die Schilderung von Mattis ist großartig. Er ist ein großes Kind, egozentrisch, fordernd, gewaltsam, rücksichtslos, aber gleichzeitig voller Lebensfreude und Liebe." [102] Der Räuberhauptmann Mattis ist jemand, der es wert ist, so geliebt zu werden, wie es Ronja tut. Lovis begegnet den beiden in diesem Konflikt zurückhaltend und voller Mitgefühl.

Bei der Figur von Lovis mögen eigene Vorfahrinnen Astrid Lindgren inspiriert haben, wie ihre Mutter Hanna oder ihre Großmutter Ida. Lovis ist tatkräftig, von unermüdlicher Arbeitskraft, fürsorglich und unsentimental. Und am Abend singt sie, ähnlich wie Hanna, ihrer Tochter ein Weise vor, allerdings keinen Psalm, sondern ein „Wolfslied." Lovis verkörpert weibliche Weisheit, die um die Vergänglichkeit allen Lebens weiß. Als Mattis am Schmerz über den Tod seines väterlichen Freundes Glatzen-Per zu zerbrechen droht, gemahnt sie ihn an den Weg alles Lebendigen: „Mattis, du weißt, daß keiner immer dasein kann. Wir werden geboren, und wir sterben, so ist es seit eh und je. Was jammerst du da?" [103]

## Das Eis schmilzt

Ronja wächst, anders als Mio oder die Brüder Löwenherz, geborgen unter der Obhut liebender Eltern auf. Am Ende ihrer Kinderjahre beginnt ein Ablösungsprozeß, der für beide Seiten mit Schmerz und Trauer verbunden ist. Um zu reifen, durchläuft Ronja – wie im klassischen Bildungsroman – eine Zeit der Prüfungen, aus denen sie als gefestigtes junges Mädchen hervorgeht. Ihr Weg in die Selbständigkeit steht im Einklang mit der Natur und läßt sich auch nicht durch den unbändigen Willen des mächtigen Räuberhauptmanns aufhalten. Auch Mattis wird durch den Schmerz um die Tochter geläutert. Erst als er lernt, Ronja aus seiner besitzergreifenden Autorität zu entlassen, findet er sie wieder.

Am Ende des Buches, nach dem das Eis zwischen den Widersachern geschmolzen ist, beschließen Mattis und Borka, sich unter einem einzigen Hauptmann gegen die Landsknechte des Vogtes zu verbünden. Wer dieser Hauptmann sein soll, wird in einem wilden Bärenkampf mit wüsten Beschimpfungen entschieden, bei dem fast alles erlaubt ist. Als der Zweikkampf vorüber ist, erhebt sich als erster der völlig malträtierte Mattis, zwar mit zerfetzten Kleidern, aber mit jedem Zoll als Häuptling. Der „mächtigste Räuberhauptmann in allen Bergen und Wäldern" erweist sich als großherziger Sieger, demütigt seinen jahrelangen Feind Borka nicht, sondern nennt ihn Bruder und beläßt ihm die Herrschaft über seine Bande. So mündet die Blutrache beinahe in eine Blutsbrüderschaft. In der Geschichte von „Ronja Räubertochter" klingt, ähnlich wie bereits in „Pippi Langstrumpf", ein Gedanke an, der sich im wirklichen Leben leider nur selten verwirklichen läßt: Menschen können Macht innehaben, ohne sie zu mißbrauchen.

## Über den Frieden sprechen

„Ronja Räubertochter" wurde auch als ein Friedens- und Zukunftsroman, als „Beitrag zu einer Literatur, die sich aus dem eisernen Griff des drohenden Untergangs gewunden hat", bezeichnet.[104] Astrid Lindgrens Werk gilt vor allem der Suche nach einem friedlichen Zusammenleben innerhalb von Familien, unter Volksgruppen, zwischen Mensch und Natur. Dabei ist sie keine friedenstrunkene Schwärmerin. Mit klarem Blick durchmißt sie die Wirklichkeit, wie es in ihrer eindrücklichen Rede von 1978 anläßlich der Verleihung des Friedenspreises des Deutschen Buchhandels zum Ausdruck kommt.

„Über den Frieden sprechen heißt ja, über etwas sprechen, das es nicht gibt. Wahren Frieden gibt es nicht auf unserer Erde und hat es auch nie gegeben, es sei denn als Ziel, das wir offenbar nicht zu erreichen vermögen. Solange der Mensch auf dieser Erde lebt, hat er sich der Gewalt und dem Krieg verschrieben, und der uns vergönnte, zerbrechliche Friede ist ständig bedroht ... Gibt es denn keine Möglichkeit, uns zu ändern, ehe es zu spät ist? Könnten wir es nicht vielleicht lernen, auf Gewalt zu verzichten? Ich glaube, wir müssen von Grund auf beginnen. Bei den Kindern.

... Ein Kind, das von seinen Eltern liebevoll behandelt wird und das seine Eltern liebt, gewinnt dadurch ein liebevolles Verhältnis zu seiner Umwelt und diese Grundeinstellung sein Leben lang. Und das ist auch dann gut, wenn das Kind später nicht zu denen gehört, die das Schicksal der Welt lenken. Sollte das Kind aber wider Erwarten eines Tages doch zu den Mächtigen gehören, dann ist es für uns alle ein Glück, wenn seine Grundhaltung durch Liebe geprägt worden ist und nicht durch Gewalt ... Ganz gewiß sollen Kinder Achtung vor ihren Eltern haben, aber ganz gewiß sollen auch Eltern Achtung vor ihren Kindern haben, und niemals dürfen sie ihre natürliche Überlegenheit mißbrauchen.

Liebevolle Achtung voreinander, das möchte man allen Eltern und allen Kindern wünschen. Jenen aber, die so vernehmlich nach härterer Zucht und strafferen Zügeln rufen, möchte ich das erzählen, was mir einmal eine alte Dame berichtet hat. Sie war eine junge Mutter zu der Zeit, als man noch an diesen Bibelspruch glaubte, dieses ›Wer die Rute schont, verdirbt den Knaben‹. Im Grunde ihres Herzens glaubte sie wohl gar nicht daran, aber eines Tages hatte ihr kleiner Sohn etwas getan, wofür er ihrer Meinung nach eine Tracht Prügel verdient hatte, die erste in seinem Leben. Sie trug ihm auf, in den Garten zu gehen und selber nach einem Stock zu suchen, den er ihr bringen sollte.

Der kleine Junge blieb lange fort. Schließlich kam er weinend zurück und sagte: ›Ich habe keinen Stock finden können, aber hier hast du einen Stein, den kannst du nach mir werfen.‹ Da aber fing die Mutter zu weinen an, denn plötzlich sah sie alles mit den Augen des Kindes. Das Kind muß gedacht haben, ›meine Mutter will mir wirklich weh tun, und das kann sie ja auch mit einem Stein‹. Sie nahm ihren kleinen Sohn in die Arme, und die beiden weinten eine Weile gemeinsam. Dann legte sie den Stein auf ein Bord in der Küche, und dort blieb er liegen als ständige Mahnung an das Versprechen, das sie sich in dieser Stunde selber gegeben hatte: ›NIEMALS GEWALT!‹"

## Keine schwarze Pädagogik

Die Kinder in Astrid Lindgrens Büchern werden zu mutigen Helden und können mit dem kleinen Gepäck ihrer Lebenserfahrung sich selbst großen Feinden gegenüber überlegen zeigen. Rasmus zum Beispiel wird vom Räuber Lif gejagt, und weil er sich beim Versteckspielen auskennt, kriecht er in eine Brennholzkiste. Der Räuber ist ganz nahe bei dem kleinen Jungen mit dem glatten Haar. Jeden Augenblick könnte er den Deckel hochheben. Aber da er vermutlich niemals Verstecken gespielt hat, kommt er nicht auf diesen

Gedanken. Auch als sich der Verfolger dem kleinen Rasmus gefährlich zu nähern beginnt, weiß sich der neunjährige Junge zur Wehr zu setzen. Er ist glücklich, daß er im Waisenhaus nicht nur Kartoffeln aufzuschichten gelernt hat, sondern auch, wie man ein Bein stellt.

Welch Gegensatz zur „schwarzen Pädagogik" des Struwelpeters! Der Verfasser Heinrich Hoffmann war der leitende Arzt an der städtischen Irrenanstalt in Frankfurt. Seine „Lustigen Geschichten und drolligen Bilder, mit 15 schön kolorierten Tafeln für das Kind von drei bis sechs Jahren" hat er fast genau hundert Jahre vor Pippis Erscheinen verfaßt und selbst illustriert. Im „Struwelpeter" wird von den Kleinen Gehorsam, Sauberkeit und Elternliebe gefordert. Mit Schaudern erinnert man sich an das verbrannte Paulinchen mit den Streichhölzern, an den Daumenlutscher, dem sein Daumen abgeschnitten wird, oder an den Suppenkasper, der so dünn wird, daß er durch den Ausguß der Badewanne verschwindet. In der Geschichte vom „Zappel-Philipp" wird die Rollenverteilung in der patriarchalischen Familie dargestellt. Die Mutter blickt nur stumm auf dem ganzen Tisch herum.

„Tugenden", wie den Teller leer zu essen, bei Tisch nicht zu zappeln oder nicht Daumen zu lutschen, waren im 19. Jahrhundert „Erziehungswirklichkeit". Heinrich Hoffmann, der Vater des Struwwelpeter, verkörpert den Zeitgeist der Restauration, die aufbegehrende Kinder in die Schranken weist. Ein Jahrhundert später will Astrid Lindgren, die Mutter von Pippi Langstrumpf, mit ihren Werken dagegen vor allem das Vertrauen der Kinder in ihre eigene Kraft stärken. Was Erich Kästner geschrieben hat, gilt auch für Astrid Lindgren: „Daß wir werden wie die Kinder, ist eine unerfüllbare Forderung, aber wir können zu verhüten versuchen, daß die Kinder werden wie wir."

„Am wichtigsten ist nicht, was man für jemanden schreibt,

sondern daß man jemand ist" – dieser Ausspruch von Lennart Hellsing, einem bedeutenden schwedischen Kinderbuchautor, trifft in hohem Maß auf Astrid Lindgren zu. Man hat sie eine zeitlose Anarchisten und eine „Taubenköngin", die den Frieden verkörpert, genannt, eine Traditionalistin und zugleich eine Neuschöpferin. Ihr Werk ist getragen von einer anarchistischen Kraft und Lebensfreude, die den Kinder Mut macht, sich nicht von falschen Konventionen ersticken zu lassen. Es lebt von der Vision, daß es sich trotz allen Widersinns und Elends auf dieser Welt immer lohnt, auf der Seite der Kinder zu stehen und wenigstens einem einzigen Kind „die Kindheit zu vergolden", ihm durch Liebe den Glauben und die Hoffnung ins Leben zu stärken.

Jeder große Dichter hat ein zentrales Thema, eine große Vision oder auch eine Obesession (Sven Delblanc). Werk und Vision von Astrid Lindgren sind dem Kind gewidmet. Sie bilden eine Einheit, die starke positive und negative Reaktionen hervorgerufen hat. „Ich schreibe, um bei den Lesern Wunder zu bewirken. Kinder schaffen Wunder, wenn sie lesen." Ihr vielseitiges Werk, das auf dem ganzen Erdball gelesen wird, kommt einem kleinen Wunder gleich. Das Leben ist für Astrid Lindgren schrecklich und herrlich. Auch ihre literarischen Schöpfungen bewegen sich in dieser Spannbreite, sind ein Spiegelbild unseres Daseins zwischen Lachen und Weinen, zwischen Hoffen und Bangen, zwischen Idylle und Gefahr, zwischen frechem Witz und einfühlsamem Verstehen, zwischen Alltag und Märchen. Es ist eine spannende und lockende Welt, in die uns Astrid Lindgren mit ihrer künstlerischen Vision führt. Eine Welt, in der es sich zu leben lohnt.

# Anmerkungen

[1] Astrid Lindgren, Mio, mein Mio, Hamburg 1993, S. 7
[2] Kerstin Ljunggren, Besuch bei Astrid Lindgren, Hamburg 1994, S. 17
[3] Astrid Lindgren, Das entschwundene Land, Hamburg 1977, S. 69
[4] Astrid Lindgren, Pippi Langstrumpf, Hamburg 1987, S. 60
[5] Astrid Lindgren, Das entschwundene Land, Hamburg 1977, S. 71
[6] Astrid Lindgren, Ronja Räubertochter, Hamburg 1982, S. 200
[7] Astrid Lindgren, Meine Kuh will auch Spaß haben, Hamburg 1991, S. 41
[8] Astrid Lindgren, Pippi Langstrumpf, Hamburg 1987, S. 220
[9] Ich habe die fehlenden Stellen mit Hilfe des Büchleins „Astrid Lindgrens Gedichtebaum" (Astrid Lindgren i diktens träd, Lyrik Skillingtryck Visor, Vivi Edström, Marianne Eriksson, Stockholm, 1994) ergänzt. Die Gedichte wurden von mir in Zusammenarbeit mit Alfred Zänker frei übersetzt, der als langjähriger Auslandskorrespondent in Schweden mit der schwedischen Sprache bestens vertraut ist.
[10] Elsa Olenius, Astrid Lindgren, Das Bild einer Freundin, 1967, Manuskript im Schwedischen Institut für Kinderliteratur
[11] Astrid Lindgren, Das entschwundene Land, Hamburg 1977, S. 51
[12] Astrid Lindgren, Das entschwundene Land, Hamburg 1977, S. 61
[13] Erich Graf Oxenstierna, Wir Schweden, Stuttgart 1961, S. 56
[14] Astrid Lindgren, Michel muß mehr Männchen machen, Hamburg 1966, S. 5
[15] Astrid Lindgren, Mein Småland, Hamburg 1988
[16] Margareta Strömstedt, Astrid Lindgren, En levnadsteckning, Stockholm 1977, S. 53 ff
[17] Margareta Strömstedt, En levnadstecking, Stockholm 1977, S. 190
[18] Ingvar Andersson, Die Schweden und ihr Schweden, Berlin 1958, S. 127
[19] Expressen, 12. Dezember 1993
[20] Eric Graf Oxenstierna, Wir Schweden, Stuttgart 1961, S. 86
[21] Ebd., S. 86 ff
[22] Astrid Lindgren, Mein Småland, Hamburg 1988
[23] Kerstin Ljunggren, Besuch bei Astrid Lindgren, Hamburg 1994, S. 68

[24] Antoine de Saint-Exupéry, Der kleine Prinz, Zürich 1990, Epilog
[25] Margareta Strömstedt, En levnadsteckning, Stockholm 1977, S. 100
[26] Astrid Lindgren, Das entschwundene Land, Hamburg 1977, S. 101
[27] Astrid Lindgren, Erzählungen, Hamburg 1979, S. 16ff
[28] Margareta Strömstedt, En levnadsteckning, Stockholm 1977, S. 100
[29] Astrid Lindgren, Das entschwundene Land, Hamburg 1977, S. 36
[30] Elsa Olenius, Astrid Lindgren, 60 Jahre, 14. 11. 1967, Das Bild einer Freundin, 1967, Manuskript im Schwedischen Institut für Kinderliteratur
[31] Astrid Lindgren, Das entschwundene Land, Hamburg 1977, S. 45
[32] Ebd., S. 56ff
[33] Astrid Lindgren, Mein Småland, Hamburg 1988
[34] Gunilla Zimmermann, Astrid Lindgren – en studiebok, Vimmerby 1989, S. 27
[35] Sven Delbanc, Selma Lagerlöf, Schwedisches Institut, Stockholm 1986, S. 9ff
[36] Vivi Edström, Astrid Lindgren, Schwedisches Institut, Stockholm 1987, S. 8
[37] Astrid Lindgren, Mio, mein Mio, Hamburg 1993, S. 39
[38] Vivi Edström, Astrid Lindgren, Schwedisches Institut, Stockholm 1987, S. 1
[39] Astrid Lindgren, Mein Småland, Hamburg 1988
[40] Margareta Strömstedt, Astrid Lindgren, En levnadsteckning, Stockholm 1977, S. 153
[41] Astrid Lindgren, Michel muß mehr Männchen machen, Hamburg 1966, S. 88ff
[42] Sybil Gräfin Schönfeldt, Astrid Lindgren, Hamburg 1987
[43] Margarete Strömstedt, Astrid Lindgren, En levnadsteckning, Stockholm 1977, S. 190
[44] Astrid Lindgren, Ferien auf Saltkrokan, Hamburg 1965, S. 92ff
[45] DIE ZEIT, 13. November 1992
[46] DIE ZEIT, 13. November 1992
[47] Margareta Strömstedt, Astrid Lindgren, En levnadsteckning, Stockholm 1977, S. 222f
[48] Sybil Gräfin Schönfeldt, Astrid Lindgren, Hamburg 1987, S. 62
[49] Svenska Dagbladet, 7. 5. 1995
[50] Elsa Olenius, Astrid Lindgren, 60 Jahre, Das Bild einer Freundin, 14. 11. 1967, Manuskript im Schwedischen Institut für Kinderliteratur
[51] Astrid Lindgren, Das entschwundene Land, Hamburg 1977, S. 90
[52] Expressen, 12. Dezember 1993

[53] Elsa Olenius, Das Bild einer Freundin, Astrid Lindgren 60 Jahre am 14.11.1967, Manuskript im Schwedischen Institut für Kinderliteratur

[54] Industria Sonderausgabe 1965

[55] Ebd.

[56] Hans-Christian Kirsch in Rudolf Wolff (Hrsg.), Astrid Lindgren, Rezeption in der Bundesrepublik, Bonn 1986, S. 37

[57] Hans Ritte, Ein kleiner Übermensch in Gestalt eines Kindes, in Vetenskapssocieteten i Lund Arsbok 1988, S. 52

[58] Gerda Wurzen Berger, Ein Mädchen ohne Furcht und Tadel, Neue Zürcher Zeitung, Nr. 118, 23.5.1995

[59] Karin Michaelis, Bibi, Lore 1995, S. 206

[60] Vivi Edström, Astrid Lindgren, Schwedisches Institut, Stockholm 1987, S. 4

[61] Astrid Lindgren, 60 Jahre am 14.11.1967, Das Bild einer Freundin, Manuskript im Schwedischen Institut für Kinderliteratur

[62] Vivi Edström, Astrid Lindgren, Schwedisches Institut, Stockholm, 1987, S. 2

[63] Astrid Lindgren, Kati in Amerika – Italien – Paris, München 1976, S. 388

[64] Expressen 8.11.1987

[65] Eva von Zweigbergk, in Industria, Sonderausgabe 1965, S. 94

[66] Vivi Edström, Astrid Lindgren, Schwedisches Institut, 1987 Stockholm, S. 4

[67] Astrid Lindgren, Pippi Langstrumpf, Hamburg 1987, S. 316ff

[68] Ebd., S. 48

[69] Ebd., S. 15

[70] Kinder, Bücher und Gesellschaft, Stockholm 1970, S. 41

[71] Astrid Lindgren, Pippi Langstrumpf, Hamburg 1987, S. 118

[72] Lexikon der Kinder- und Jugendliteratur, II, 1977, S. 124

[73] Sybil Gräfin Schönfeldt, Ungeschützte Offenheit, in Börsenblatt für den Deutschen Buchhandel. Ausgabe Frankfurter Buchmesse, 1978.

[74] Astrid Arz, Wilde Großartigkeiten und heile Kinderwelt, Jugendbuchmagazin, 2/80

[75] Lisa Tetzner, Liebeserklärung an Pippi, in Jugendsschriften, Warte 1953/II

[76] Waltraud Henser, Die Bücher Astrid Lingrens, Pippi, 1955 in: Jugendbuchmagazin, 2/80

[77] Astrid Arz, Wilde Großartigkeiten und heile Kinderwelt, Jugendbuch Magazin 2/80

[78] DIE ZEIT 43, 1978

[79] Margareta Strömstedt, Astrid Lindgren, En levnadstecking, Stockholm,1977, S. 280f

[80] Astrid Lindgren, Die Kinder aus Bullerbü, Hamburg, 1970, S. 286
[81] Ebd., S. 97
[82] Vivi Edström, Astrid Lindgren, Schwedisches Institut, Stockholm, 1987, S. 5
[83] Astrid Lindgren, Rasmus und der Landstreicher, Hamburg 1957, S. 120
[84] Vivi Edström, Astrid Lindgren, Schwedisches Institut 1987, S. 11f
[85] Hans Ritte in Vetenskap-Societeten i Lund, Årsbok, 1988, S. 60
[86] DIE ZEIT 20. 10. 1978
[87] Vivi Edström, Astrid Lindgren, Schwedisches Institut, 1987, S. 8
[88] Bruno Bettelheim, Kinder brauchen Bücher, Stuttgart 1982, S. 56
[89] aus der Sammlung Felizitas von Schönborn
[90] Waltraud u. Matthias Woeller, Es war einmal ..., Freiburg, 1994, S. 26f
[91] Margareta Strömstedt, Astrid Lindgren, en levnadsteckning, Stockholm, 1977, S. 246
[92] Astrid Lindgren, Mio, mein Mio, Hamburg 1955, S. 186f
[93] Bruno Bettelheim, Kinder brauchen Märchen, Zürich 1979, S. 12
[94] Sybil Gräfin Schönfeldt, Astrid Lindgren, Hamburg, 1987, S. 83
[95] Astrid Lindgren, Die Brüder Löwenherz, Hamburg 1973, S. 126
[96] Expressen, 12. 12. 1993
[97] Astrid Lindgren, en studiebok, Stockholm 1989, S. 73
[98] Kerstin Stjärne 1973, in Gunilla Zimmermann, Astrid Lindgren en studiebok, Stockholm 1989, S. 74
[99] Ebd., S. 73
[100] Vivi Edström, Astrid Lindgren, Schwedisches Institut, S. 15
[101] Astrid Lindgren, Ronja Räubertochter, Hamburg 1982, S. 31
[102] Gunilla Zimmermann, Astrid Lindgren, en studiebok, Vimmerby 1989, S. 77
[103] Astrid Lindgren, Ronja Räubertochter, Hamburg 1982, S. 233
[104] Maria Bergom-Larsson, Astrid Lindgren, en Kärleks forklaring, in Kvinnornas, Litteraturhisotria del 2, Stockholm 1983

# Danksagung

Besonders bedanken möchte ich mich bei Astrid Lindgren dafür, daß sie mir die Zeit für dieses Gespräch geschenkt hat und es sich nach seiner Fertigstellung nochmals ganz vorlesen ließ, um einige Ergänzungen oder Veränderungen anzufügen. Mein herzlicher Dank gilt auch Marianne Eriksson, Lena Törnquist vom Schwedischen Kinderbuchinstitut, Margareta Strömstedt, Ulla Lundquist-Rosenqvist, Friederike Hamann, Erricos Reuß und Christine Conopio. Die Übersetzungen aus den Werken von Margareta Strömstedt, Gunilla Zimmermann, Ulla Lundquist und der meisten Artikel aus Expressen, Svenska Dagbladet, Dagens Nhyheter stammen von Alfred Zänker, dem ich für seine Hilfe herzlich danke.

# *Geschichten und Spiele für Kinder*

Helga Hoff
**Märchen geben Kindern Mut**
*Ein Buch zum Vorlesen, Malen, Spielen*
Band 4385
Die Autorin lädt Kinder ein, der verunsichernden – weil für sie unverständlichen – Welt zu entkommen.

Karin Dörner/Christiane Nebel/Alexander Redlich
**Geschichten für gestreßte Kinder**
*Vorlesegeschichten zum Entspannen und Mutigwerden*
Band 4362
Abenteuer- und Alltagsgeschichten: Kinder lernen sich zu entspannen und mutig an ihre Probleme heranzugehen.

Renate Zimmer
**Schafft die Stühle ab!**
*Bewegungsspiele für Kinder*
Band 4345
Gegenakzente zu einer Fernseh- und Computerkindheit.

Janusz Korczak
**Der kleine König Macius**
*Eine Geschichte in zwei Teilen für Kinder und Erwachsene*
*Die vollständige Ausgabe*
Band 4322
Wie Kinder Erwachsene sehen und was sie von ihnen und vom Leben erwarten.

Karin Neuschütz
**Lieber spielen als fernsehen**
*Alternativen, die Kindern mehr Spaß machen*
Band 4315
Kreative Tips und Anregungen für Spiel- und Bastelstunden.

HERDER / SPEKTRUM